# 入选理由

张启峰，一位长期浸淫于家居建材行业从事专业性极强的营销培训的青年才俊。什么是专家？就是将简单的事情重复做的人！他就是一位将家居建材行业的市场营销培训做了十余年的、建立了业内唯一行业智库的、该行业最具实战经验的专家。房地产宏观调控，家居建材行业首当其冲，再加上国际国内大环境的影响，家居建材行业更是雪上加霜。带领家居建材行业走出寒冬，舍他其谁？

中国名家如是说寒冬丛书编委会

Tang Ren Culture
唐人文化
—— 信息时代的品质阅读 ——

这个寒冬怎么过？
著名家居建材行业营销专家张启峰如是说：

# 经济低潮 孕育大商机

张启峰◎著

人民东方出版传媒
東方出版社

**图书在版编目（CIP）数据**

经济低潮孕育大商机/张启峰著.—北京：东方出版社，2013

ISBN 978-7-5060-6989-2

I.①经… II.①张… III.①建筑材料—建筑企业—工业企业管理—研究—中国

IV. ①F426.9

中国版本图书馆CIP数据核字（2013）第260670号

**经济低潮孕育大商机**
**（JINGJI DICHAO YUNYU DASHANGJI）**

**张启峰 著**

**责任编辑：** 刘晗 刘建华
**出　　版：** 东方出版社
**发　　行：** 人民东方出版传媒有限公司
**地　　址：** 北京市东城区朝阳门内大街192号
**邮政编码：** 100010
**印　　刷：** 北京市凯鑫彩色印刷有限公司
**版　　次：** 2014年2月第1版
**印　　次：** 2014年4月北京第2次印刷
**开　　本：** 710毫米×1000毫米　1/16
**印　　张：** 11.5
**字　　数：** 175千字
**书　　号：** ISBN 978-7-5060-6989-2
**定　　价：** 48.00元
**发行电话：**（010）65210059 65210060 65210062 65210063

# 前言
PREFACE

著名经济学家郎咸平先生曾说过："一个没有危机感的民族，是一个没有希望的民族。"受这句话的启发，我认为，一个没有危机感的行业，是一个没有希望的行业。

在诸多喜忧参半的纠结中，2013年已经接近尾声。国际经济走势的下滑，国内房地产的持续调控，让我们看不到清晰的方向，企业增长的动力和消费者信心都严重受挫。

我们身处整个经济即将崩溃的边缘却全然不知，我们习惯于低估行情的惨烈，高估我们自己的抗压能力。因此，我在这里，再一次强调经济寒冬已经来临，以唤起行业同仁们的危机感。危机，危机，危中有机，这需要我们凝聚人心，增强整体向心力。

回顾过去几年，我们看到家居行业新消费阶层日渐形成，消费者越来越理性，高端和大众两个市场潜藏更多的发展机会。家居企业要学会洞察所处产业的特性，主动进行资源调配，尝试构建属于自身的新的增长模式。变则通、通则久，唯有如此才是长久之道。

整个家居建材行业，不像其他行业那样已趋于成熟，形成巨头垄断局面，小品牌很难有存活空间，而是具有"低关注、高消费"性质，并未出现太多相对垄断的格局。放眼整个家居建材行业，我们发现其体现出"大市场、小企业"的竞争局面。究其原因是什么？可能存在多种因素，但其核心原因是，我们的行业属于个性化需求比较明显的行业，包括像家具、陶瓷、照明灯饰等种类，很难对其进行标准化的统一定格。因此，企业无法通过标准化的生产来压低成本，形成竞争优势。

同时，这个行业又是个很少被外资垄断的市场，是个可呈现精彩营销样式的魅力市场，是个随着城镇化进程而不断成长的朝阳市场……随着2013年的接近尾声，新一轮的市场经济又将如何变化？更严酷的经济寒流是否会到来？这些都值得我们深思。

我在家居建材行业中已经有10年之久，目睹了这个行业10年来的兴衰历程，伴随一批批的企业发展壮大，也看着一批批的企业逐渐销声匿迹。行业本身就是个广阔的舞台，让能者尽其才，让弱者逐渐锻炼成为强者。家居建材行业发展了这么长时间，永远都不乏竞争和发展，市场的形势总是瞬息万变，我们要学着在变化中存活，学会让企业在变革中成长，学会做营销，学会打造中国家居建材行业的航母品牌。我们该学的东西还有很多……眼前，我们最重要的任务是，学会如何度过经济寒冬。

每当在我的课堂上，或是在走访家居建材市场过程中，当同仁们遇到问题向我寻求答案时，我都有一种强烈的责任感和行业使命感，那就是用我的绵薄之力，为同仁们整理出一套系统的“过冬”秘笈，为各位释疑解难，提供发展思路和方法。正巧赶上了这么好的机会，于是，我在此把自己对目前行业的些许看法与各位分享。

从行业角度审视，2013年对中国家居行业而言，是困难的一年。正是基于此，也是基于多年服务家居建材行业的情感，我希望本书的出版能真正给家居建材同仁们带来帮助，为我们的行业披上一件“过冬的棉衣”。

这本书的形成，源于和君智业近10年来对中国家居建材行业的研究，源于和君智业完整的家居建材培训理论和方法论，这是我在服务整个行业过程中遇到并解决各式各样问题而总结的经验和得出的结论。

因为是关于行业“寒冬“的话题，我仅就目前家居建材行业的状况，从培训咨询角度逐层分析和论述，核心内容主要分成两个部分：削减成本和修炼内功。

削减成本部分包括硬性手段和柔性手段。硬性手段从目前行业的热点话题裁员、关店和削减营销成本这三个版块展开讨论，阐述了我个人针对这些问题的看法，仅供参考。削减成本的柔性手段这一部分是比较触动人的内心情感的，我从感恩、不抱怨、担当和正能量这四个部分逐一呈现。

修炼内功部分着重从战略、文化、人才、团队、促销这五个版块论述，图文并茂，理论和案例结合，具有较强的操作性。

在整理本书过程中，我发现其实这也是一个整理自己思路的过程，更是一个分享快乐的过程。如果这本书能给各经销商、企业乃至整个行业带来收获和发展，那我将不胜荣幸。

由于时间匆忙，本书难免有这样那样的问题，我恳请各位同仁多提宝贵建议，欢迎批评和指正。

张启峰

2013年10月8日

# 目 录
CONTENTS

## 分析篇

## 家居建材行业市场现状和趋势

纵观全局，2013年对中国家居建材行业而言，是困难的一年。中国家居建材行业将会在接下来的几年内完成行业洗牌，进入成熟的微利时代，这对中国家居建材行业的长远发展不失为一件幸事。



## 方法篇

## 这个寒冬怎么过？张启峰如是说

当经济寒流来袭时，家居建材企业应着重从削减成本和修炼内功两方面入手，降低企业运行成本，增强企业和员工抵御经济寒流的能力，帮助企业度过寒冬。

## 未来篇

# “剩”者为王，拥抱春天

经济寒冬孕育大商机，这也正是考验企业家眼光和魄力的时候。在“剩者为王”的时代，家居建材企业要危中求机，实现“弯道超车”，冲进行业前三，迎接家居建材行业的春天。

# 熊的故事

在漆黑幽暗的森林里，一头黑熊经常出没寻找食物。一天傍晚，三个人分别和熊相遇，出现了不同的情景。第一个人遇到黑熊时，看着高大凶猛的黑熊，他吓得屁滚尿流，全身哆嗦，转身就跑，黑熊更加胃口大开，结果那人被黑熊饱餐一顿。第二个人遇到黑熊时，他内心慌张，屏住呼吸，紧盯着黑熊一动不动。于是，黑熊以为这是个木桩子，晃了晃脑袋便转身离开了，第二个人侥幸逃过了黑熊的魔掌。第三个人也同样遇到这头高大威猛的黑熊，他想打也打不过，想跑也跑不掉，于是，干脆边跟黑熊周旋边“嚓嚓”地磨起刀，想着“哼哼，四个熊掌都归我了”。果然，他手握锋利无比的刀，三下五除二“哐哐”几下就砍掉四个熊掌，兴高采烈地回家了。

这个熊的故事，其实讲述的是三种人以不同心态应对危险，从而有不同结局的故事，这让我们联想到目前家居建材行业的三种群体。当房地产调控的影响逐步显现于家居建材行业，当上游大量建材厂家因产能过剩引发更大规模行业洗牌时，无论家居市场还是建材代理商都面临艰难抉择。在如此环境之下，出现了三种不同的群体：第一种类型面对行业危机时，尝试做减法，“砍掉”店面、“砍掉”品牌、保留实力，导致势单力薄而无法渡过危机只能被市场吞没；第二种类型保持着冷静的头脑，非常渴望抗衡于危机，但是微薄的力量只能保护自己，实力逐渐萎缩，很难东山再起；第三种类型面对同样的危机和困难时，果断地借势借力，绝地反击，愈战愈勇，走出困境，赢得明天。

身为家居人的你，面对行业里的“黑熊”，你是立刻撤退，在等待中坚守，还是勇敢向前冲？

# 分析篇

# 家居建材行业市场现状和趋势

纵观全局，2013年对中国家居建材行业而言，是困难的一年。中国家居建材行业将会在接下来的几年内完成行业洗牌，进入成熟的微利时代，这对中国家居建材行业的长远发展不失为一件幸事。

# 第一部分　现状及原因

近年来，经济风暴席卷全球，各大行业都在经受洗礼，中国家居建材行业也未幸免于难，很多企业只能用惨淡经营或者勉强维持来形容，有的企业甚至可能退出市场。

数据显示，从2011年8月到2012年10月，在一年多的时间里，仅北京就有12家各类家居建材卖场关门，另外还有5家卖场正在准备搬迁或撤场，家居建材企业面临巨大经营压力。家居市场的寒冬正悄悄来临。

造成家居建材行业陷入困境主要有以下几个原因：

一、受国内宏观经济的影响，消费人群和消费习惯发生了变化。由于国内宏观经济走势下滑，消费者购买力下降，市场需求减弱。在经济不景气的时候，很多人收入大幅缩水，高消费群体的人数就会相应减少；加之对未来形势发展的悲观判断，消费者信心大受打击，开始有了储蓄存款以备不测的心理，对一些非必要的开销能省则省了，对必需品的消费也由原来的讲求品味档次变成现在的讲求性价比的实用主义了。

二、受楼市调控影响。众所周知，家居建材行业属于房地产最直接的下游产业，受房地产调控影响非常大。从2011年开始，国家对房地产市场出台了一系列的调控措施，相继打出房地产调控的组合拳，我国房屋开工面积和商品房销售面积均出现大幅下滑现象，下游家居行业再一次遭遇考验。

三、租金和人工成本的不断上涨。店面租金、人工成本、原材料成本上涨等众多不利因素在很大程度上增加了企业生产经营成本，使利润空间缩小。这让众多家居建材企业在经营中倍感吃力，生存艰难。

四、产能严重过剩加剧倒闭。家居建材行业现在门槛越来越低，同质化竞争也越来越严重，整个行业的产品、产能、销售卖场都出现过剩的现象，再加上周围经济大环境的影响，企业的压力越来越大。2012年以后，家居建材市场比往年更为低迷，一些家居建材企业已经开始进行调整，以便应对2013年不明确的市场。2012年9月底，北京红星美凯龙北五环店通过对卖场产品结构的调整，希望能满足消费者需求。

五、目前出口、投资都受到了影响，拉动内需成为第一位。国家政策的出台也成为卖场进行调整的风向标。当保障房政策出台时，各卖场都推出了相应的措施，如针对保障房的专供家具、保障房消费者装修计划、各种经济套餐等；同样，以旧换新政策刚刚提出来时，各卖场也纷纷推出了家具以旧换新回收活动。虽然卖场可能利润会薄一点，但这是市场竞争的一种需要。

由此可以看出，家居建材行业正经历着一次大规模的行业洗牌，在激烈的竞争中，逐步淘汰同质化严重、不符合大众消费的家居品牌，留下优质的家居品牌继续健康发展。这也是行业的自我调控与合理回归。

# 第二部分　未来趋势

在经济危机面前，企业应该对宏观经济走势、家居行业发展趋势以及企业自身实际重新审视，预估到可能出现的最坏的和最好的结果，调整发展战略并顺应时势，趁势而上。

未来几年中国家居市场将呈现出四大趋势：

## 一、绿色环保家居

随着生活水平的提高，人们的消费观念发生了全新的转变，由以往的功能性的追求发展为个性化、时尚化的享受与欣赏。同时，人们越来越重视装修给身体健康带来的影响，绿色环保家居生活已成为越来越多人的共识。

所谓绿色环保家居，是指那些立足于生态产业、合理开发、利用自然材料生产出来的能够满足使用者特定需求，有益于使用者健康，并且具有极高文化底蕴和科技含量的家居。

绿色环保家居具有如下特点：本身无污染、无毒害；便于回收、处理、再利用，不会对环境造成污染。

消费决定市场，低碳绿色环保建材家居商机无限。

## 二、网店成新宠

面对当前卖场租金高涨的现象，不少企业纷纷踏上了新的发展道路，网店渐成家居建材新卖场。传统家居卖场开拓电商渠道，家居电商又开设线下实体店。随着网购群体不断扩大，传统家居企业转型电子商务已成大势所趋。

家居建材与其他产品不一样，以前大家普遍认为网络不能卖家居的半成品，因为觉得体验是这个行业里面非常强的一部分，如果没有实体店的体验，消费者是不会在网上直接购买这种产品的。然而，随着电子商务时代的到来，现在传统专卖店，尤其在一线城市，其功能从单一的卖场，逐渐转化成体验中心。消费者经过在实体店体验，就会在网上直接购买这款产品了。

## 三、实现“中国创造”

中国传统家居具有悠久的历史，中国家居行业在往国外品牌道路前行的时候，要有属于自己的家居文化。我们需要更多的是对自己家居文化的挖掘与创新而非模仿与抄袭，要努力提升自己品牌的文化底蕴和附加值。

作为劳动密集型产业，家居建材行业在很长一段时间内都不太重视人才。如今随着行业竞争越来越激烈，未来家居建材行业不仅是产品的竞争，更重要的是人才的竞争。

在随后的几年里，80后消费群体将占到绝对的消费比例，80后消费群体更注重个性，家居建材行业不进行创新只有死路一条。

## 四、“外销”和“内需”并重

家居建材行业必须要找到自己的生存方式，不能过度依赖于房地产。

内在方面，企业要努力提高自有品牌产品的质量，研发高附加值产品，增加产品的科技含量，强化自身产品的竞争力及生命力。而产品的生命力源于产品的质量、品种多样性以及设计原创性。

外在方面，企业要调整经营战略，“外销”和“内需”并重发展。“外销”是指将目光放在东南亚、中东、非洲等新兴的外贸市场，开拓“蓝海”。“内需”是指尝试国内的“家居以旧换新”、“家居下乡”等新举措。近年来，二、三线城市快速崛起，中国房企纷纷开辟自己的第二战场，全速挺进二、三线城市，其所蕴藏的极大市场潜力已受到各大家居企业的普遍关注。从宏观经济层面来看，中国的城市化进程要走的路还很长，尤其是中西部地区及二、三线城市的城市化率还很低，但二、三线城市的崛起毕竟给家居建材行业的发展带来了曙光。

同时，未来10年到20年中国经济都会以拉动需求为主，随着城镇化建设的迅猛发展，家居建材市场需求量也会随之变大，必将会为家居行业带来巨大的机遇。

就目前的形势来看，家居建材行业还蕴藏着巨大的发展潜力，但家居建材行业的暴利时代已经过去，开始进入微利时期。那么，面对机遇和挑战，家居建材行业又该如何追寻新的行业增长点呢？这正是我们要探讨的问题。

# 方法篇

## 这个寒冬怎么过？张启峰如是说

当经济寒流来袭时，家居建材企业应着重从削减成本和修炼内功两方面入手，降低企业运行成本，增强企业和员工抵御经济寒流的能力，帮助企业度过寒冬。

# 第一部分 削减成本

## 第一章 削减成本——硬性手段

### 第一节 别轻易裁员

2012年，在全球经济低迷的环境影响下，诸多行业纷纷采用了“丢卒保帅”的策略，大打“裁员”牌。家居建材行业受经济萎靡茶毒之苦最深，也开始加入裁员队伍中来。然而，盲目裁员不但不能使企业化解当前的经济危机，结果还使得企业陷入了一场更大的灾难之中。因为裁员也并非一贴包治百病的灵丹妙药，它在缓解病痛、治疗急症的同时，还具有极大的副作用，倘若不慎，势必会造成严重的后果。

首先，裁员会造成企业名誉度的双重损失。

2012年6月，位于上海闵行区的斯米克在受到数月的销售增长缓慢、产能过剩、生产计划缩水等不良因素的影响后，最终被迫推行裁员政策，导致大量员工围堵办公区域、库房、厂区大门，并且吸引了众多不明就里的路人围观，最后还是在警察的干预下才控制了场面。虽然，局面得到了控制，但是事情并没有终结。随之而来的，便是大家对企业的无端揣测，甚至还牵扯出了公司的一些机密。

由于裁员给企业造成名誉损失的，除了斯米克一家之外还有伊利。2010年，伊利被网友指出存在产品质量问题，同时还爆料说，“圣元奶粉性早熟事件”其实是伊利“有预谋、有计划、有步骤周密策划出来的”，此事一经在网上披露，便立刻引起了轩然大波，各大媒体、网站纷纷对此事进行了深度报道。随之而来的是，伊利产品的销售量直线下滑，伊利品牌也遭到了质疑。

此后，该事件得到了澄清，是竞争对手的恶意诽谤，而始作俑者竟是被伊利裁掉的员工。原来，他们被裁员之后，心中不忿，便来到了伊利竞争厂家，并设计了这个“局”。虽然竞争对手也得到了应有的惩罚，但是伊利声誉遭到重创的事实，却是无法更改的。

所以，裁员无论对厂商还是对员工来讲,都是一次阵痛，切不可鲁莽从事，更不能把化解一切困难的“宝”都放在裁员身上。

其次，裁员会造成企业股价的剧烈波动。

斯米克裁员不仅严重影响了正常业务的开展，还造成其股份大跌。

2011年，优酷网站第二季度的销售量，只完成了原计划的80%，于是，该网站高层决定要把整个销售部全部裁掉，190人中裁员至少150人。如此大规模的裁员，使得优酷在美国的股价下跌了12.53%，因此优酷蒙受了巨大的经济损失。

由此可见，裁员给企业所带来的不良后果是多方面的，不仅是名誉度的下滑，还有巨大的经济损失。众所周知，裁员的目的就是缩减开支，维持企业经济的平衡发展，但是如果裁员会造成经济的失衡，那么企业又何须如此费力不讨好呢？实在值得大家深思！

再次，裁员会造成企业忠信度的降低。

企业与员工之间的合作关系是建立在相互信任的基础上的。因为信任，公司会给自己的员工提供就业机会、岗位培训、职业规划以及薪资待遇等；因为信任，员工也会勤奋工作，为公司创效益。然而，如果公司单方面裁员，就意味着斩断了彼此间相互合作的关系。在缺失了信任之后，那么一切的忠诚都将化为乌有，从而在整体上降低了员工对企业的忠信度。

最后，裁员会造成企业内部的危机感。

在裁员之后，留守在企业内部的其他成员，便会无形之中产生消极的念头。在他们看来，裁员的厄运会随时降临到自己的身上，于是他们就会消极怠工，或者对领导阳奉阴违，从而导致工作效率低下、业务下滑等各种不良结果。

总而言之，裁员并非应对经济寒冬的明智之举。大量事实证明，那些企图通过裁员让企业起死回生的做法是愚蠢的；反之，那些真诚留住员工、善于发挥员工潜能的企业，往往都能在寒冬之际，有效地储藏能量，当时机来临时便很容易一举成功。

20世纪30年代，全球爆发了规模最大、影响最广、破坏力最强的经济危机。许多企业为了降低成本，提高利润，不惜大规模裁员，以此减轻“包袱”，结果他们始终没能摆脱破产倒闭的厄运。

澳洲一家葡萄酒酿造商，却与众不同地宣布，他的酒庄“绝不裁员”。这话一经传开，便立刻引发了轩然大波。很多被“裁员”冲昏了脑袋的商家，纷纷投来异样的眼光，仿佛是打量一头来路不明的野兽似的。有些人不怀好意地诋毁道：“这是一种愚蠢的行为，任何聪明的商人都不会这么做的，难道他的脑袋被袋鼠踢到了吗？还有的说，他这种做法就等于自掘坟墓，让我们看着他倒霉吧！”

面对众多不明就里的指责和质疑，他似乎并不在意，因为他的心里早就有了明确的打算。在他看来，经济不景气的霉运总会过去的，就像大雨之后，必定是晴天。

于是，他决定停止酒庄一切生产，所有员工一律不裁员，但停止发放工资，每天只管三顿饭，每天的工作任务就是种树。

当时，在裁员浪潮的席卷之下，大批的员工失去了工作，他们的生活也遇到了前所未有的困难。所以，当酒庄决定不裁员的时候，所有员工都高兴坏了。即便不发工资，只要公司提供餐饭，起码就不会饿肚子了。于是他们的工作热情极度高涨，很快酒庄内就被大片的棕榈树所覆盖了。

第二年，经济状况渐渐好转，酿酒生意也复苏了。但是，很多酒庄找不到熟练的员工，而这家酒庄却顺利地投入生产，生意异常火爆。

由此可见，越是在经济环境不好的时候，越是要冷静对待裁员问题。因为，员工对企业来说是最大的资源和财富。说到底，企业的发展就是人的发展，企业的壮大就是人的壮大。所以，一般情况下，越是成熟的企业，越是倍加珍惜自己的员工。

面对新一轮的经济不景气，格力空调的董明珠说道："在经济形势不好的时候，我们首先要保护我们的员工，宁可我们的工资减薪也不能裁员。"那么，这是不是就意味着，裁员就一定会导致不良的后果呢？裁员就一定是不明智的选择呢？当然不是，在经济萎靡的环境下，我们不倡导裁员，但是，却也不排斥必要的裁员。裁员在很大程度上可以帮助企业更换新鲜的血液，注入新的能量，同时也能轻装上阵，这样可以更好地面对竞争和挑战。然而裁员的关键问题是，应该怎么裁？哪些人是不能裁的？

### 一、能不裁的就尽量不要裁

裁员对任何公司来说，都是迫于无奈，但我们要坦然面对这个问题，决不能谈裁员而色变，也不能搞一刀切，把好的坏的都切掉。因此，这就要求企业在裁员的时候，仔细斟酌，尽量做到能不裁的就不要裁。

古人云："千金易得，良将难寻"。因此，无论什么企业，都要体现出对优秀人才的重视，我们家居建材行业也不例外。那么，如何才能留住优秀人才呢？

1．以优厚的待遇诱惑之

在传统的认识中，优秀人才往往都是不为五斗米折腰的清贵之士，他们有能力，有才干，但是不屑黄白之物。其实也不尽然，世易时移，人们对生活的向往，也会不自觉地发生变化。我们只能这么说，优秀人才可能不迷恋钱财，但是却少不了钱财的物质基础。当然，我们所说的优厚待遇，也不仅仅是丰厚的物质补偿，还有精神、人文上的关怀。

2．以企业文化感动之

人是有感情的动物，无论是谁都需要被肯定，哪怕只是一句话，他都能感觉自己的价值得到了认同，工作会更有干劲。从宏观的角度上讲，融洽和谐的企业文化是感情留人的手段。一个良好的企业文化不但可以激发全体员工的热情，而且可以使员工齐心协力地为实现企业战略目标而努力。

3．以广阔的发展平台挽留之

美国著名心理学家马斯洛认为，人最大的满足是能够实现自身的价值，也就是在事业上要有成就感和满足感。因此，企业要明确员工的发展规划，为他们提供一套可行的、有发展前景的事业蓝图，这样才能使员工对本企业的长期发展充满信心，并心甘情愿地与企业共同成长、共渡难关、共享事业。

总之，好的人才是企业的中流砥柱，是企业度过经济寒冬的坚强柱石。同样，家居建材行业的老板们，想要留住人才，就要"以人为本"，真心去关心人才、尊重人才，真心去帮助人才、锻炼人才，既留住人才的人，也留住人才的心。让人才愿意来，愿意留，以公司为家，以公司为荣。

## 二、为公司作出特殊贡献的尽量不要裁

所谓的特殊贡献，指的是伴随着企业的成长，为企业的发展壮大立下汗马功劳，奉献了自己一生时光的老员工；或者，在企业发展过程中作出卓越贡献，掌握企业产品核心竞争力的优秀人才。

有这样一个故事：

日本有个染布公司，名叫konishi。他们公司生产出来的布匹质量相当高。据说，在日本只要听说是konishi染出的布，客户可以不问价格，就直接购买了。因为他们对konishi的品牌太放心了。因此，konishi生产的布匹还一度被指定为贡品，每年都要选取最上乘的优质布匹供奉给王室们享用。那么，konishi染布公司是如何确保自己产品质量的呢？第一，使用德国进口染料。第二，拥有一批特殊贡献的老员工。

由于，konishi公司使用的染料，一直从德国进口。第一次世界大战期间，日德国际贸易受限，德国的染料迟迟不能运抵日本。而konishi公司为了确保产品品质，拒绝使用日本染料，于是，公司陷入了困境，被迫宣布停产，遣散老员工。

这些老员工是从公司创建之初就进厂的，他们对公司有着特殊的感情，所以当接到被遣散的通知时，一位老员工代表，含着泪面见总经理，说道："我们跟着konishi生活了大半辈子，konishi就是我们的命，我们舍不得离开konishi。现在公司遇到了困难，我们不得不离开，但是，无论到任何时候，只要我们还活着，只要konishi还需要我们。我们就是拼了老命不要也要回到konishi的身边。"

倘若没有真切的感情，员工是无论如何也说不出这番肺腑之言的。最后konishi没有裁掉这些为公司作出特殊贡献的老员工，而是一起渡过了难关。试想，一个企业中能有这样一批忠肝义胆的老员工，我们能忍心裁掉他们吗？不能，他们就是公司的宝贝，就是公司

的保障，只要有他们在，公司的信誉就在；只要有他们在，公司的光明就在。

**三、会造成负面影响的裁员尽量不要裁**

裁员的目的是为了缓解企业当前的压力，而不是给自己找麻烦。很多企业在裁员时，往往高调行之，结果弄得满城风雨，给企业形象以及股价都造成了严重的影响。诸如此类的裁员，建议尽量避免，否则只会引火烧身，自顾不暇。

因此，这就需要在裁员时，注意一些小技巧。比如，在时间的选择上尽量不要在节假日之前，这样只会让人很不开心，同时员工如果想找一个心理辅导人员也因大家休假了而找不到；也不要在下班前一宣布完就让员工走人，最好是在星期一的早上，让员工有足够了解、咨询的时间；在宣布裁员的形式上，也要充分照顾员工的情绪，一般由日常的顶头上司宣布，这样比一个陌生人宣布更人性化。

以上，我们通过不同的视角，深刻地解读了裁员在应对经济寒冬时所起到的作用。我们借鉴了其他行业的案例，希望家居建材行业能够触类旁通，把工作重心转移到自身能力的提高上来。正如刘伯温所说的那样："高筑墙，广积粮，缓称王"，在市场的低迷阶段，企业首要的工作应该是先保存实力，而后谋发展，这也正是中国家居建材行业的老板和经销商们当下应该采取的战略。

## >>> 第二节 关店并不能解决问题

2012年对国内整个家居建材行业来说是惨淡的一年，许多家居卖场里，关店、撤场、寻租的现象屡见不鲜。

2012年9月中旬，全球最大的家居建材零售商美国家得宝公司宣布，关闭其在中国的7家大型家居建材卖场。随后，北京地区的兴隆家居建材城、金开利德家具卖场、东方家园立水桥店、百安居桥北店、居然之家大东发店等相继关门。面对全国范围内的关店现象，家居建材行业究竟该何去何从呢？

兵法有云：“良将用兵，若良医疗病，病万变药亦万变。”同样的道理，国内家居建材行业要想有所起色，渡过难关，首先就要找出病因，然后因病开方。

根据中国建材流通协会和业内人士的研究表明，造成当前家居建材行业不景气的原因主要有三个方面：第一，楼市限购政策抑制了部分投资性需求；第二，刚性需求在反弹的房价和从严的调控面前，犹豫不决，大部分人持观望态度；第三，国内家居建材市场规模过剩。

鉴于此，国内家居建材市场应该采取以下措施。

**一、解放思想、创新经营**

所谓的解放思想，就是打破常规，走自己创新发展经营的路子。思想上不解放，就会让人走进死胡同，四面碰壁而找不到出路。国内家居建材行业的现状就是如此。

那么，怎样才能解放思想呢？下面我们看一则故事：

汉罗啤酒厂坐落在比利时首都布鲁塞尔东郊，是当地一家非常著名的啤酒酿造厂。他们生产的汉罗啤酒不仅享誉整个欧洲，就是在整个世界都有很高的知名度。

距离酒厂不远的布鲁塞尔市中心的于连广场，矗立着一座于连铜像。很多游客经常用喝空的矿泉水瓶去接小英雄于连的铜像里“尿”出来的自来水，然后用来往脸上或手上淋，有些小孩子还用来互相泼洒，还有些人甚至直接用来喝。因为在比利时人的眼中，饮用于连的尿，并不是一种可耻的行为，而是一种光荣。因为，于连的尿曾拯救过他们的国家。

汉罗啤酒在激烈的市场竞争中，年产量一年一年地减少。可是，即便如此，仍有大批啤酒因销售不出去而堆在仓库里。当时很多有实力的啤酒厂家都在电视或者报纸上做广告进行宣传，这样有助于提高啤酒的品牌知名度，从而有利于促进销售。为了拯救即将陨落的汉罗啤酒，汉罗啤酒公司也不惜重磅出击，效仿其他商家，打广告、做宣传。可是一轮番“打拼”下来，汉罗啤酒不仅没有起死回生，反而每况愈下。

有一日，公司的年轻工人林德尔闲暇无事，便来到于连广场散步。当他看到广大游客用手接于连铜像洒出来的“尿”来饮用时，突然想到，假如铜像“尿”出来的不是水，而是啤酒将会是什么效果呢？

于是，林德尔顾不得多想，便立刻飞奔回公司，策划了一起“惊天动地”的大事。一周之后，当他站在广场的一角，看着于连铜像“尿”出色泽金黄的汉罗啤酒，广大游客竞相品尝的那一刻，他会心地笑了。

很快，于连铜像“尿”出啤酒的故事，便被很多知名的报刊杂志争相报道。而汉罗啤酒也一下子变成了众人皆知的畅销品，它重新找回了往日的风采。

这个故事发人深省，凭着一个新点子，这家啤酒厂就焕发出生机。中国家居建材行业何不也改变营销的思路，寻找机遇。

另外，2011年“双十一”网店营销总额，突破百亿大关，如此骄人的成绩，是实体店面所不能望其项背的。在网络化趋势日益加剧的潮流中，家居建材行业应该顺势应命，乘网络营销这艘大船，方能直挂云帆济沧海。

当然，在现有的环境下，以及家居建材行业本身的特殊性，我们还不能完全依赖网上营销，但是这却可以为家居建材行业的发展，提供一种新型的模式和一种新的销售思路。

## 二、自我调整，优化产业结构

当前，国内家居建材行业存在盲目扩张、资源过度浪费的现象，这样无形之中就增加了企业产品的成本。在整个市场环境优越的时候，这种弊端还不会完全暴露，但是，一旦市场发生激烈巨变，这种弊端就会像一把直插心脏的利刃，致企业于死地。

2012年，全球经济不景气给家居建材行业带来的巨大冲击，就是很好的例证。许多之前看起来还不错的公司，结果在第一轮淘汰赛中就被刷掉了，最终只能关门大吉。其实，家居建材销售惨淡的现实，并不能说明整个行业缺乏市场竞争力，也不能说明国内同行业产品缺乏竞争优势，但暴露了行业尾大不掉、不能及时地改变策略以及不能有效地进行资源重组的弊端。

因此，在经济不景气的情况下，有专家提出，中国家居建材将面临洗牌的格局。当然，这种担忧是有必要的。只是，就目前的情况而言，洗牌还为时尚早，不过我们要提高警惕尽快进行行业优化，减少资源浪费。

20世纪90年代，中东爆发地区性战争，导致全球油荒。一时间，成品油的价格持续攀高，许多“吃油”大户因无力承担，纷纷宣布涨价，或者关门歇业。然而，日本航空公司在此危难之际，却咬紧牙关，不涨价。那么，他们究竟是如何应对这一难关的呢？答案就是，企业优化，杜绝浪费，提高竞争力。为此，他们从高层领导到基层职员，纷纷献策献力。例如，有人建议办公纸张应该重复循环利用；洗手间的马桶里可以放一块砖头，这样就减少了一块砖的容量；办公区内尽量使用智能灯……这些看似不起眼，甚至有些荒诞的建议，却起到了很好的效果。据统计，他们公司每年冲马桶的用水，节省了近百吨。正所谓，积少成多，他们通过一系列的资源节省和优化，最终克服了困难。

中东战争很快结束了，国际原油市场又恢复了正常。日本航空公司，不涨价的坚持，不仅为他们赢得了美誉，还为他们积攒了大量的客户。

市场变化莫测，任何企业都应该做好随时应对变动的策略。孟子说："内无法家拂士，外无敌国外患，国恒亡。"同样的道理，一个行业，一个企业如果没有这种忧患意识，没有自我调整，优化的意识，那么失败则是必然的事情了。

因此，家居建材行业应该充分利用原材料、降低库存、充分发挥人工效益、优化采购等各种手段，最终实现每个工序、每个环节都是企业增值点。

**三、加大研发力度，提高核心竞争力**

自从互联网技术兴起之后，各行各业中都盛行一种"复制"文化，家居建材行业也不例外。复制别人的产品，虽然减少了成本投入，降低了研发经费，但是所带来的后果却是近乎毁灭性的。因为，"复制"破坏的是整个消费市场，当消费者对所有产品都产生审美疲劳的时候，那么市场就没有生机了。

2012年，对家居建材行业来说，是令人刻骨铭心的一年，不少商家选择了急流勇退，关门大吉。他们的关门，应该是对整个行业敲响了警钟，所有家居建材厂商都应该注重走自己品牌的道路，加大产品研发的力度，打造独一无二的特色产品，从而提高产品的核心竞争力。

**四、提高服务水平，比同行业领先一步**

优质的服务是提升企业综合竞争力的重要保障。在市场竞争激烈，以及经济疲软的状态下，谁的服务上乘，谁就能赢得客户的青睐。

那么，如何才能提升企业的服务水平呢？重要的一点，就是想在客户之前，行在客户之先。如果说，等着客户发现问题找上门时，那么此时的服务，充其量只是例行公事。倘若把服务的宗旨向前推进一步，那么性质则会截然不同了。

有位客户发现自己汽车的刹车系统出现了故障，就开到一家4S店的维修厂维修。工人师傅仔细地检查了一遍后，说道："先生，你这部车子存在很严重的故障，大概要到下午5点钟左右，才能修理好。"

客户很着急地说道："那怎么行，我上班要用的。"

于是，维修师傅把他领到隔壁的厂房，指着一辆比他的车还要好的汽车说："先生，你要是不嫌弃的话，就先用这辆车子吧。"

客户顿时满脸赔笑地说道："那好吧。"然后，就开着车子，乐呵呵地离开了。当时他心里可能这么想："你们慢慢修吧，这辆车子比我的那辆还要好，最好你们永远也修不好，这样我就可以长时间开这辆好车了。"

转眼间，已经到下午5点钟了。维修厂给他打来电话说："先生，你的车子已经修好了。请你在方便的时候来试车吧。"

客户开车兜了一圈，果然刹车性能比之前好多了，而且，启动时也没那么大的噪音了，就连车座也比以前舒适了。客户满意地付账交钱后，维修工对他说："以后，你就再也不需要来了。"

客户闻听此言，立刻瞪大了眼睛，不解地问道："为什么这样啊？难道我的到来给你们增添了很多麻烦了？"

维修工立刻微笑着解释道："先生，你误会了。我的意思是说，你的车子已经修理好了，我保证今后再也不会坏掉了，所以说，你以后再也不需要来了。"

客户惊讶地叹道："我在很多维修厂维修过汽车，而每次结账之后，他们都跟我说'欢迎光临，下次再来'可是，每当我走出他们的大门之后，就再也没有回头过。但是，今天不一样，你们跟我说了我最想听的话，所以，今后无论如何，只要是车子发生故障，我都会来你们这里。”

从这个故事中，我们可以发现，在服务上比别人领先一步，就会得到客户的认可。换句话说，就能得到市场的肯定。如果每个家居建材商的售后人员，都能对不同的客户提供有针对性的服务，都能针对不同材质的产品提供相对的服务，那么，家居建材行业何愁不能度过寒冬，何愁不能东山再起？

**五、坚持就是胜利**

不可否认，当前的家居建材市场是不景气的，甚至可以说是遭遇了发展的瓶颈。但是，有一点必须要肯定，这个行业未来发展的前景是不错的。那么，在不景气的时候我们应该怎么做呢？是全身而退还是继续坚守？事实证明，能坚持下来的企业往往都是善于迈向成功的企业。市场就像汪洋，企业就是汪洋中的一条船。这条船不仅能够在风平浪静的时候顺利前行，还要能经得起大风大浪的考验。而当前的市场经济不景气则是对这条大船最好的考验。

有这样一个故事：

有一位著名的推销大师，被邀请做一场演说。当天，会场座无虚席，大家都在热切地等待着大师的出场，希望聆听到成功的声音。然而，当大幕被徐徐拉开的时候，大家并没有看到大师，而是看到了舞台中央吊着一个巨大的铁球，旁边还放着一把大铁锤。就在大家一头雾水的时候，主持人走了上来，问台下的观众谁能把这个大铁球敲得晃动起来？

台下立刻上来两位彪形大汉。他们按照主持人的要求，甩开臂膀，抡起铁锤就向大铁球砸了上去。只听得一声巨响，但大铁球却纹丝不动。他们又重复了几次，结果都是一样的。

此时，坐在前排的一位老者，走上台去。他一语不发地从口袋里掏出一个小锤子，然后开始认真地面对那个巨大的铁球敲打了起来。台下的观众屏住了呼吸，等待着奇迹的出现。10分钟过去了，20分钟过去了，30分钟过去了，会场开始骚动，人们叫嚷着表达自己的不满，而老者丝毫不为所动，依然用小锤不停地敲。40分钟过去了，坐在前排的人突然叫道："球动了！"顿时，全场又变得鸦雀无声。在老者一小锤一小锤的敲打下，这个铁球动荡的幅度越来越大了。终于，场上爆出了最热烈的掌声。

这个时候，主持人才介绍道："这位老人就是今天的主角，他就是大家想要见到的推销大师。"老者停下敲击，将小锤放回衣兜后转身面向观众。望着观众们的渴望眼神，他说话了："人生路上，如果你没有足够的坚持去创造成功，那么你就不得不忍受着失败走完一生。"

是的，多么发人深省的一句话！没有坚持就没有成功。同样的道理，如果没有坚持，我们就熬不过这次寒冬，不能看到家居建材市场的回暖。

## >>> 第三节 省什么别省营销成本

家居建材行业进入经济寒冬以来，许多企业和经销商开始紧缩开支，削减广告营销费用，来降低经营成本。那么，在经济下滑的情况下，建材商们是否应该减少营销投入呢？

著名管理大师彼得•德鲁克说过，企业家就是做两件事："一是营销，二是削减成本，其他都不要做。"由此可见，对企业家来说，无论在任何时候，营销以及相关的投入都是必不可少的。

如今，整个家居建材行业遭遇了前所未有的打击，为了渡过难关，诸多厂商企业可谓是八仙过海，各显神通，其主要的办法就是削减营销开支。然而，经销商们在营销方面的投资成本虽然减少了，但其业绩却一路下滑。此时，经销商们开始犯愁了，怎么做才能既节约营销开支又提升业绩呢？

## 一、团队建设——卓越有效的营销方式

营销团队作为营销界的一支翘楚，越来越受到国际知名企业的重视。目前，欧美许多著名企业已将团队建设引入营销实践。团队模式的运用，大大增强了成员的主动性、积极性和创造性，提高了企业的竞争实力。那么，如何建立高效的营销团队呢？

1．树立共同目标

目标是团队建立和发展的前提，任何团队都是建立在某种目标基础上去完成某种具体工作任务的。团队成员一定要建立共同目标，同时必须齐心协力，才能实现共同目标。

2．高度的学习热情

一个良好的营销团队，应该是具有蓬勃发展潜力的，而学习则是提升团队竞争力的有力保证。通过学习可以形成共进、共享与互动的组织氛围，逐步形成有凝聚力的团队文化，从而打造一支高效能的营销团队。

3．超强的合作性

团队营销的本质，就是“抱团打天下”，意思就是要整个团队具有很强的凝聚力，而这种凝聚力则来源于每个成员之间的相互合作。俗话说：一根筷子轻轻被折断，十双筷子牢牢抱成团。只有抱成团的团队，才是一支铁打的团队，一支能提高销售额和创造利润的优秀团队。总之，崇尚精英和单兵作战的营销方式已经过时，未来营销的主要方式，在于团队合作。

## 二、情感营销——用情温暖你我心

有营销学专家说：“营销的实质，不是推销产品，而是推销人。”这句话很有道理。我们在推广营销的时候，应该从关注人们的情感开始，通过营销服务来获得消费者的情感认同，最终达到吸引和挽留客户的目的。

1．关注客户情绪

结合家居建材行业的特性，对影响客户情绪、情感的各种销售、服务的关键点进行测评，找到最重要、最有影响力的环节。

2．做好情感管理

我们可以把客户分为目标客户、潜在客户、即得客户、老客户、流失客户等，要根据客户的特点进行管理，在做好基础工作的同时，做好客户的情感管理工作。

3．建立客户情绪档案

针对每一个客户，建立完备的客户情绪档案，详细记录客户在购买、使用的过程中，对营销的哪些环节、细节最满意或哪些有待提高，力争把工作做到最好。同时，还需要做好跟进工作，细心观察客户关于产品或服务的情感需求，并给予回应以建立良好的情感关系。

## 三、品牌营销——携手共筑品牌长城

品牌联盟已经成为当今家居建材行业一种全新的营销手段。这种营销方式可以实现资源共享，均摊广告费用，共同受益；联合作战、共同让利是企业进行品牌联盟的产品推广原则；渠道共享、资源互补是企业品牌联盟产品推广的目的。

**客户案例：**

2012年11月底，和君智业应长治市某个联盟邀请，助其在12月份主办一次联盟岁末促销活动。

这次联盟共有11家，其核心负责人分别是瓷砖、地板、橱柜品牌的老板。我们的团队到了当地之后，先开始对其进行市场调查：

1．通过市场摸底，了解到当地市场竞争非常激烈，虽然每个星期都有一场团购会，但效果非常不理想。我们通过本次促销会三个星期的观察，发现平均每次到场人数在50人左右，单品牌订单最高26单/场，市场比较疲弱。

2. 本次合作联盟品牌市场地位不强势，而且大部分品牌处在个体经营为主的模式，对促销的规划执行还处在起步阶段，团队除个别品牌外，基本无战斗力，有的则根本没有。本次联盟单位处于建材商城，不在当地一流市场，算是当地的一个弱势联盟组织。

3. 地理位置靠北，12月份下过两场雪，市场处于淡季状态，每日到店客流量基本没有。

同时，我们也找出了一些这次活动的机会点：在12月份有3个楼盘刚交房，通过扫楼侦查，小区装修客户依旧存在。

我们经过分析判断得出的结论是：

1. 虽然每周都有团购活动，但没有新意，对消费者触动不大。

2. 10月份以来，整个促销活动其他联盟投入都不大，市场反应比较平淡。故总结得出只要策划创意新颖，执行严格到位，市场应有一定机会。

和君智业的创意就是：旺宅祈福/岁末感恩特卖会

创意出发点：1. 中国的旺宅情结。

2. 佛教圣地——山西“五台山”。

诉求重点：1. 邀请五台山高僧现场祈福，赠送信物。

2. 岁末特价，全年最低。

我们控制的重点是：1. 执行到位；2. 控制费用。通过严格执行，锁定潜在目标，弥补投入的费用不足，从而降低风险，更好地获得市场效果。

加强培训：在操作期间，不断进行业务培训，提升老板运营思维，增强员工挑战精神、专业技能。同时老师亲自带队，言传身教。

总结：1. 总投入在7万元；2. 现场到会人数超过600人；3. 现场订单360单，三家品牌同时有68单。

联盟成员的体会：

1. 大家的整体营销水平得到了一次提升，团队精神面貌和技能得到提高，在执行中大家都说：“就算活动不成功，也值！”

2. 大家对建材经营有了新认识，从经营散卖到运作布局，对打大战域的经营有了认识，不再迷茫了，知道以后怎么做了。

本次活动引起当地其他联盟高度关注，提升了本次联盟的市场地位，同时也吸引了整个晋中地区其他多个联盟到现场观看。

品牌联盟的实现对产品推广的作用表现在：促进企业战略目标的实现；提升各自的竞争力；优势互补，资源共享，实现双赢。

**四、服务营销——收获意外的惊喜与满足**

服务营销不同于传统意义上的售后服务。它是通过关注顾客，进而提供服务，最终实现有利交换的一种营销手段。

服务是一种无形的产品，那么，如何才能让服务营销得到客户的认可呢？为此，服务营销在有形产品与传统市场营销结合的基础上，创造性地增加了服务人员、有形展示和服务过程等环节，这样就充分实现了提高竞争力，与客户共同进步，共同得益的最终目的。

然而，服务营销作为一种全新的营销模式，它有较之于传统服务更为严格的要求。

首先，提升人员形象。建立一支由能够并且愿意为企业“创造真正顾客”的员工组成的营销队伍。对全体员工进行观念教育，使“顾客第一”的观念深入人心，培养对顾客充满爱心的价值观。

其次，提供一流的服务。一流的服务可以吸引顾客，可以激活市场。通常包括产品介绍服务、购买服务、送货服务、维修服务、咨询与信息服务以及日常便民服务项目促销活动等。

最后，让顾客称心满意。实际上，令客户满意是一件极为困难的事情。因为每个客户的需求都是不一样的，如果我们用统一的模式去服务所有客户，那么，这就注定了会有很多客户不满意。所以，要想让客户满意就需要制定针对不同客户需求的服务。此外，还要让客户得到他们意想不到的惊喜和收获。唯有如此，才能让每位客户都心满意足。

**客户案例：**

行业的同仁也了解到，部分橱柜品牌重视销售过程而忽略基本的服务过程，这是导致其不能做大做强的主因。行业里某个品牌的厨柜根据多年的实践经验及总结回访用户的所提建议，精心提炼出一套咨询、订单、测量、安装、售后等一系列标准化模式——720度立体式服务体系；并监督协助各加盟店严格遵守此体系制度及确保服务质量，此项措施取得了较大成功，让其橱柜在业界及消费者心目中赢得了良好的口碑。

回访体系是实现口碑营销最好的途径。与成品橱柜不同，定制橱柜产品单值大，动辄上万元，因此，消费者表现出比价时间长、从众心理强等特点，这些特点为客户转介绍积累了时间、营造了气氛。而品牌能否顺利地成为客户转介绍的目标，口碑在其中起到了关键作用。橱柜加盟口碑同样需要营销，除了在完成订单的各个环节中，做到让客户满意外，在完成安装后，及时进行售后回访，能极大地提高客户的满意度，从而强化品牌的知名度和美誉度。

当然，随着消费者的需求日益多样化、个性化，厂商们对消费者的服务方面必然要不断创新，满足其需求。

总之，在全球经济不景气的环境下，行业之间的竞争已经进入白热化阶段，要想在市场竞争中立于不败之地，厂商就要把握全局，灵活采用各种策略来获得竞争优势，特别是做好服务营销，这样才能在竞争中取得胜利。

### 五、网络营销——在网络世界里寻找商机

随着互联网技术的发展，网上销售已经成为时代的宠儿，受到越来越多经销商的青睐。广大家居建材厂商应该对这种情况给予足够的

关注，可以将企业品牌信息发布到各大网络媒体，借助互联网媒体的强大影响力，达到提高社会知名度、塑造企业和品牌良好形象，并最终促进产品或服务销售等目的。

在疲软的经济条件下，不可否认，企业通过削减成本开支，可以达到确保利润的目的。但从长远的发展来说，削减成本只是治标不治本的办法。通过综合考量，最有效的发展策略，应该是从企业自身的实际情况出发，从团队建设、情感营销、品牌营销、服务营销和网络营销这几个方面来着手，选择最适合自身发展的营销方式。

鞋子合不合脚，只有脚知道。我们坚定不移地相信，国内家居建材行业，在选对了“鞋子”的情况下，一定能再接再厉，走出一条光明大道！

本章讲述了经济寒冬下，企业削减成本的三种硬性手段——裁员、关店、削减营销成本，这样的确可以立竿见影地为企业削减成本。但从企业长远发展的角度来讲，市场低迷期，企业只有先保存实力才能后谋发展，因此，这三种手段是不可取的，应尽量避免。企业应保留优秀员工，并创新经营和营销方式来提升自身实力及适应寒冬的能力，从而度过行业寒冬，迎来明媚春天。

# 第二章 削减成本——柔性手段

在经济寒冬下，企业要削减成本，采取裁员、关店、削减营销成本的方法明显是不可取的。其实，企业可以通过一些柔性手段，从员工入手，对他们进行专业培训，使其具有良好的职业素养，这无形当中就提高了员工的工作效率，从而降低了企业的运营成本。

## 第一节 让员工懂得感恩

感恩让人领略到阳光的明媚；感恩让人明白什么是披肝沥胆、风雨同舟……

有这么一个感恩的故事发生在我的学员身上，我拿出来和大家分享一下。一次，在课后，我遇到了一位在邯郸和邢台地区做某卫浴热水器品牌代理的大姐。她和我在聊天过程中说道，她现在生意中遇到了非常大的阻力和困难，生意基本上废掉了，因为积压了大量的库存。她非常的矛盾，不知道生意到底是做还是放弃，内心万分纠结。她代理热水器的库存现在约有一百多万，当下又面临着进货，不得不负债经营。这时候，包括店面费用、仓库费用、人员费用、服务费用等让她更是一筹莫展。她希望我能帮她分析一下当下的情况，以便整理好经营的思路。

和大姐聊完之后，我便派公司的招商老师和客户经理到了当地。第一天策划方案，第二天进行布局招商。第二天的招商会出人意料的成功，现场订货就达到80多万。这位大姐高兴之余，更是对和君智业充满了感激，当天晚上便给我打来感谢电话。第三天一大早，她给我公司汇来双倍的培训费，又计划跟着我们进行全年学习，并且还感谢说，因昨晚浪费了我宝贵的时间，又帮我充了电话费（第二天我又把电话费退回了）。其实，这小小的话费并不重要，重要的是她拥有着一颗感恩之心。

同时，她还安排专人对这次招商做全程录像，希望把这全程服务让她的伙伴、朋友们拿去宣传，让同行业的公司有机会能与财富同行，与智慧同行。

懂得感恩的人在事业和生活中收获的也多。同样，企业在培训员工时，不仅教会他们专业知识，还应让他们懂得感恩。员工怀着一颗感恩的心去工作，不管是对他本人，还是对企业，都大有好处。

### 一、感恩企业

员工在企业工作不是单纯地为企业服务，事实上，企业也为每一位员工默默地付出着。

1．企业给员工提供了生活的保障

企业给了员工工作，给了他们可以用劳动获得丰衣足食的机会，给了他们可以在社会中立足并稳固发展的物质生活，让他们充分地享受经济独立所带来的成就感，进而满足更高层面的消费生活。在他们遇到困难的时候，企业会及时提供帮助，送去春风般的温暖，就算亲人朋友不在身边，也能使员工在窘境中如沐春风，体验契约关系下蕴含的种种人文关怀。

2005年开始，陕西鼓风机(集团)有限公司启动“感恩节”活动，在企业内部营造一种积极和谐的氛围和环境，使广大员工把学会感恩作为一种基本的生活态度，成为每位员工的实际行动，进而成为一种习惯。

这项活动的开展，并非心血来潮，而是陕鼓集团公司从一开始，就非常注重感恩素质的培养，他们深深认识到员工对于企业的重要性，因此把改善员工工作、学习、生活条件和提高员工待遇始终放在重要位置，用行动创造着陕鼓人自己的美好家园。几年来，公司投资5000多万元，修建了员工休息室、活动室、阅览室和培训中心等；增加员工休闲娱乐设施及健身器材，建立了疗养、体检、年假等制度，以保障员工身心健康；新建住宅23栋，人均居住面积由2000年的15.21平方米提高到现在28.64平方米，极大改善了员工住房条件。

公司还注意关心弱势群体，为40多名残疾人安置了工作，为残疾人捐款购买轮椅、助听器等用品，使员工真切感受到了来自企业的关怀。

每一个企业应该像陕鼓集团公司那样，切切实实为员工着想，让员工珍惜眼前的工作机会，带着一颗感恩的心，尽心尽力地工作，因为每个人的辛勤付出，会给自己带来相应的收获和回报。

2．企业给员工提供了发展的平台

人的一生，可能会经历一些不同类型的工作，几家欢喜几家愁，这是普遍又必然的现象。如果不是企业铺展一个平台，为员工的职业生涯提供锻炼的机会，员工作为庞大社会中的一个微不足道的个体，又怎能有机会尽情在舞台上施展自己的才华呢？

刘威是一家电脑公司的业务主管，现在这家公司的生意相当火爆，公司的员工对自己的工作也充满了热情和骄傲。

可原来不是这样，是刘威的到来改变了这一切。刘威对工作充满了激情，对身边的每个人都很热情，他说要用自己的微笑面对每一天，他的这种精神影响了其他员工。很快，抱怨之声逐渐没有了，大家都以一种积极的心态投入到工作中。在很短的时间内，公司的业绩出现了飞跃，公司内部每天都充满活力。

身为名牌大学的硕士，怎么能屈尊来到这样的小公司，在这个小公司里干得有声有色？在一次和同事们交心聊天的过程中，刘威说出了他的想法：“公司虽然小，但是为我提供了发展的平台；同事虽然学历低一些，但是每个人都有我学习的地方；每天都是新的一天，所有的烦恼都已经成为过去，我感谢所有的一切。以感谢为动力，我认为自己必须用努力工作来回报所有的一切。”

刘威也因为工作出色，不久就被提拔到了主管的位置。

刘威被提拔与他的感恩是分不开的。做一个有影响力的员工，能带动其他员工共同进步，这也是现代企业所需要的人才。一个拥有感恩之心的杰出员工，必定会取得事业上更大的成功。

企业不可能让每一位员工对自己的工作都感到满意，甚至一些工作并不是他们的爱好。但企业有责任告诉员工，他们所选择的每一项工作，所身处的每一家企业，都将是人生链条上一个重要的环节，都将从那里获得暂时的成功或者失败。这些成功和失败，也将帮助他们更清晰地认识、分析自己的优劣所在，激发他们内在的各种潜能，从而找到真正适合自己的事业。

3．心怀感恩，忠诚敬业永不过时

感恩是忠诚之母，而其他一些技术性的东西，都是可以靠学习来弥补的。感恩胜于能力。那些职场上的优秀员工之所以能取得令人羡慕的成就，是因为他们对企业的忠诚之心和对工作的责任之感，归根结底，皆因为感恩的力量。

英特尔的一个分公司要进行人事调动，主管杰克对年轻的约翰说：“你把手头的工作安排一下，到销售部去报到，我觉得那里更适合你，你有什么意见吗？”约翰嘴巴动了动，心想：“我有意见有什么用，你是主管，还不是你说了算？”不过他并没有将这样的话说出来，而是默默地离开了。

当时销售部的工作也不太好做，约翰心里想:“这一次把我调到最糟的销售部，一定是杰克在搞鬼，见我这边工作出色嫉妒我，怕我抢了他的位置。哼，我们以后走着瞧!”到了销售部后，约翰整天板着脸，对所有的新同事总是爱理不理，工作也不热心，同事们逐渐疏远他了。

有一次，一个重要的客户打电话来，让他转告杰克，让杰克第二天到客户那里参加一个洽谈会，因为关系到一大笔业务，所以要求杰克第二天必须按时赶到。约翰听后，认为这是一个绝好的报复机会，于是装作不知道这件事，也没告诉杰克。

第二天，杰克将约翰叫到自己的办公室，非常严肃地告诉他:“杰克，客户那么重要的事情你为什么不告诉我?如果不是客户今天早晨又打电话催我，我们几乎失去了一笔上千万的生意。我本来以为你平时工作表现好，只是为人欠历练，所以把你调到销售部，考查磨炼你一下，看你是否能在以后担当重任。可你却对此心生怨恨，还故意报复，我们整个部门的前途差点就毁在你的手上。对于你的这种表现，我非常失望。我不得不告诉你，你被解雇了。”

作为员工理当做好自己的本职工作，忠于企业，否则对企业来说将是一场灾难。俗话说，“皮之不存，毛将焉附”，最后深受其害的不单单是企业，还有员工本身。

大家做事，不论是给自己做，还是给别人做，态度不一样，其结果就不一样，态度决定一切。当企业的发展遭遇瓶颈期时，作为企业的一员，员工是袖手旁观，还是努力寻找突破口，在更广阔的天地里为企业的发展献计献策？有感恩之心和远见的人当然会选择后者。因为在为企业的未来拼搏的同时，员工的前景也将被绘制，并变得无可限量。

洛克菲勒在回忆自己创业经历时说：“年轻时我为老板打工，一般人每天工作八九个小时，而我每天会工作16个小时。这除了对公司有好处外，我个人的收益更大，这样我就可以比别人多赢一些。”企业要让每一位员工的努力都有回报，让他们明白最大的赢家其实是自己！只有心怀感恩，忠诚敬业，他们才会干出一番事业出来。

4. 心怀感恩，做不抱怨的员工

人生在世不如意之事确实不少，但快乐、幸福的事也很多，酸甜苦辣咸百味人生，这才是生活的本真状态。只要你怀着一颗感恩的心，做到不抱怨，那么幸运之神就会频繁地光顾你。这就是心理学上的心理暗示作用。不同的人生态度，决定不同的人生境况。

一位心理学家为了实地了解人们对于同一件事情在心理上所反映出来的个体差异，他来到一所正在修建的大教堂，对现场忙碌的敲石工人进行了访问。

心理学家问他遇到的第一位工人：“请问你在做什么？”

工人没好气地回答：“在做什么？我正在用这个重得要命的铁锤，来敲碎这些该死的石头。”

心理学家又找到第二位工人：“请问你在做什么？”

第二位工人无奈地答道：“若不是为了一家人的温饱，谁愿意干这份敲石头的粗活？”

心理学家问第三位工人：“请问你在做什么？”

第三位工人眼中闪烁着喜悦的神采：“我正参与兴建这座雄伟华丽的大教堂。落成之后，这里可以容纳许多人来做礼拜。虽然敲石头的工作并不轻松，但当我想到，将来会有无数的人来到这儿，接受上帝的爱，心中便时常为这份工作献上感恩。”

同样的工作，同样的环境，因为截然不同的态度，所产生的工作效能与状态也是截然不同。第一种工人，可以设想，在不久的将来，他很可能就会被工作抛弃；第二种工人，是没有感恩心的人，也不是企业可依靠和老板可依赖的员工；第三种工人比别人更懂得积极主动，感恩工作，视工作为快乐。他们努力工作，工作也带给了他们足够的荣誉。他们就是企业想要的那种员工，他们是最感恩的员工。

企业允许员工抱怨命运的不公，可以抱怨收入低、待遇差。但是，企业一定要提醒员工如果不抓住每一次的机会，全心全意地去完成任务，那么，他将不再有机会，伴随他今生的也只有抱怨。

所有的抱怨不过是逃避责任的借口，对自己对社会都是不负责任的。一个人在心里洒满阳光，无论走到哪里都会温暖自己，快乐他人；反之，如果一个人心里布满阴暗，无论置身何处都会携哀怨悲伤前行，既痛苦自己又影响他人。

5．心怀感恩，让积极和热情成为一种习惯

快乐源于一颗感恩的心。员工有时会感叹工作的平淡无味，有时会心烦于工作的琐碎繁重，有时会气馁于工作上的某种失败，但只要他们时常怀有感恩的心，便能从腐朽中发现神奇，从平凡中找到精彩，从失败中汲取教训；企业也要创造条件为他们提供提高能力的机会，让他们在快乐中工作，在工作中享受成功，做一个真正的职场情绪“环保者”。只有这样，他们工作起来才会更积极、更热情，才会更有效率。

“成功学之父”卡耐基认为：“一个人成功的因素很多，而属于这些因素之首的就是热情。没有它，不论你有什么能力，都发挥不出来。”

正如余秋雨所言：“工作的追求，情感的冲撞，进取的热情，可以隐匿却不可贫乏，可以泻然而不可以清淡。”当一个人能够心怀感恩，把全身心彻底投入工作之中，当积极和热情成为一种习惯时，便拥有了回报——快乐情绪能够带来业绩，个人的职业生涯就会变得更为圆满，事业则更有成就。

6．有事做就是最大的幸福

工作不仅是为了满足生存的需要，同时也是实现个人人生价值的需要，一个人不能无所事事地终老一生，应该试着将自己的爱好与所从事的工作结合起来，无论做什么，都要乐在其中，而且要真心热爱自己所做的事。

有事做就是最大的幸福。当员工不计较个人得失，认真地做他们手头的工作时，员工和企业离成功也就不远了。

英国的卡尔·普兰斯到南威尔士地区波斯考尔海边度假胜地度假时，与母亲、弟弟和三个姐妹购买一张彩票，幸运地中了690万英镑大奖。

暴富后，普兰斯和妻子吉莉恩把他俩位于威尔士首府加的夫的一套住房送给19岁女儿莎拉，并为两个儿子还清住房抵押贷款。

普兰斯自己辞去在铁路企业的火车司机工作，在“福地”波斯考尔海边的度假胜地买下了一处价格6.4万英镑的活动住房，实现了儿时梦想。同时，他开始出国度假旅行。

一段时间后，普兰斯意识到自己多么怀念先前的工作。“中奖后，我去了国外度假，但我不能忍受自己下半辈子都做这个，”普兰斯说，“我们去过希腊、大加那利岛、特内里费和西班牙，但我开始渴望回到工作岗位。”

“一些人可能认为我有这么多钱，工作可以放弃，但火车已经融入我的血液，”普兰斯说，“我父亲和祖父都在铁路上干了一辈子。我不能把余生花在度假上。”

普兰斯申请回到铁路公司，最后得到许可。不过，由于没有通过体检，普兰斯无法继续当司机，改行当上资源经理，负责为火车司机和铁路保安制定执勤时间表。“我当时失望地获悉，由于听力损伤，我无法回到司机岗位，”普兰斯说，“但当他们向我提供一份办公室工作时，我倍感欢喜，因为它意味着我将再度同火车和我的老同事打交道。”

后来，普兰斯重返心爱的铁路，做回每天清晨5点起床、周薪600英镑的工薪族。

即使再富有，普兰斯也无法舍弃工作。生命之中能让一个人感觉到最牵挂、最留恋、最不舍、最珍贵的可能就是工作，因为一旦工作融入血液，每个人就如同吃饭睡觉一样必须要求工作。

企业尽量让每一位员工在工作中感到幸福，不要只看到眼前的利益，而为工作当中出现的各种事情喋喋不休地抱怨着。

“我的事情太多了！”

“怎么时间这么紧啊，这怎么能完成？”

“那不是我的工作，为什么要让我去做？”

“这工资也太少了啊。”

企业应减少员工类似的抱怨。在当今劳动力市场供求关系严重失衡的情况下，企业要让员工记住，不是工作需要你，而是你需要工作。你离开了，工作可以再找适合它的人，可是，你没了工作，连自己的一日三餐都成问题，更别提为自己的理想奋斗了。

## 二、感恩领导

在员工的职业生涯中，企业领导扮演着重要的角色，一位优秀的领导就是他们生命中的“贵人”。遇到这样一位重要的“贵人”，他们不仅在职业成长的进程中会大大加快前进的脚步，而且还会在人生旅途上多了一位很好的引路人。

1．领导是员工人生旅途的引路人

日本前邮政大臣野田圣子在大学期间，为了多赚些钱，于是到日本东京帝国饭店去应征，希望能争取到打工的机会。

她的第一份差事是清洗这家饭店的厕所，这对于有着良好家世背景的圣子而言，是个很大的挑战，她从小没干过家事又特别爱干净，而在洗厕所时所必须面对的秽物与气味让她实在难以忍受，尤其是用她细嫩的手拿着抹布去擦拭马桶时，近距离的接触让她胃里翻搅，想呕吐却又吐不出来，她对上司要求要把厕所马桶刷得“光洁如新”，觉得太强人所难。

圣子哭过，苦恼过，她几次想放弃，然而好胜心又驱使她克服这个难关，到底怎么样的标准才是“光洁如新”呢？这马桶已经使用过了，怎么可能还是维持如新呢？

这时，她的上司似乎读出了这个娇娇女的烦恼，他给了她一个明确的示范，完全没有长篇大论的说教，只是亲自弯下身来，卷起袖子，拿起了清洁剂与刷子……

首先，他一遍一遍地刷着马桶，不放过任何一个角落，擦过后马桶的瓷光果然变得夺目闪耀。然后，这位上司从马桶里盛了一杯水，毫不迟疑地一饮而尽，这个举动让圣子震惊，他也告诉圣子，这“光洁如新”的重点在“新”，新马桶里的水是干净的，人们喝时没有心理障碍，所以只有马桶的水达到可以喝的洁净程度，才是真的把马桶擦洗得“光洁如新”。

上司的举动感动着圣子，让她懂得工作本身并无贵贱，真正让人敬佩的是把每一个小细节都尽全力做好的决心。从此圣子对洗马桶的工作不再排斥，甚至把它当作是一生中最重要的际遇，最难得的一堂人生课。

假期结束前，饭店的高管来验收成果时，圣子在众人面前舀起了马桶里的水喝了下去，众人们也都惊讶万分，在众多打工者中圣子最让人印象深刻。后来圣子大学毕业后，顺利地进入帝国饭店工作，凭着从上司那里学来的敬业精神，她成为该饭店最出色的员工。

圣子在三十七岁时步入政坛，在小泉首相的任内被延揽为日本内阁的邮政大臣，而她总是以帝国饭店时的工作为荣，在对外自我介绍时，总会说：“我是最敬业的厕所清洁工，也是最忠于职守的内阁大臣。”

每个人的人生路都要靠自己的实力走出来，希望在每一个人的职业生涯中，都能碰到像圣子的上司那样的“贵人”。然而，人生路上遇到一位真心的朋友难，职业生涯中遇到一位优秀的领导同样不容易。

员工在职业生涯的路途上刚刚迈出脚步的时候，企业应该能够给他们提供帮助。领导的知人识己，会使他们受益终生。同样，面对领导的知遇之恩他们会心怀感恩。

2．领导是员工最好、最近的学习榜样

古人云："三人行，必有我师焉。"那么，员工该向谁学习呢？说到这里，可能大家更多想到的是做出过轰轰烈烈的大事的伟人们，而往往忽略了一点，企业的领导就在员工的身边，是最方便也是最值得员工学习的人。学习伟人，只能靠书本、靠故事，而向领导学习则不同，员工每天都可以观察到领导待人处世的方法，这是多么宝贵的学习机会啊！

很多成功人士也都是从效仿身边的人开始，走上成功之路的。中国浴霸行业的领航者奥普浴霸的创始人、董事长方杰先生就是一个很好的例子。

方杰早年在澳大利亚留学的时候，曾经在澳大利亚最大的灯具公司"LIGHT UP"公司打工。那时，方杰意识到自己不懂商业谈判，而他的老板是一名谈判高手，他就下定决心要虚心向老板学习。

因此，每当有机会与老板一起进行商业谈判的时候，方杰总是在口袋里偷偷揣上一个微型录音机，将老板与对方的谈判内容一句句地录下来，回到家再反复地揣摩、学习，看看老板是怎样分析问题的，对方是怎样提问，老板又是怎样回答的。

就是这样，经过努力的学习，几年以后，方杰也成为一个商业谈判的高手。

伟大的科学家牛顿曾经说过：如果说我所看的比笛卡儿更远一点，那是因为站在巨人肩上的缘故。这句话给了大家莫大的启示，站在巨人的肩上，可以让自己少走很多弯路。员工在职场上的学习需要他们发挥更多的主动性，企业领导应尽力完善自己，成为员工学习的榜样，这样，员工可以更好地理解领导的意图，更容易满足领导的要求。企业领导的一言一行、一举一动都会影响员工，让他们不自觉地用领导的方法来分析问题、解决问题，这也使得他们的思路更好地与领导靠拢，也更加容易赢得老板的赏识和信任。一些拥有多年人力资源管理经验的专家一致发现：上司一般都愿意提拔自己的下属，其理由是："我也是从技术员转到管理方面的"、"他的想法总是与我不谋而合"等。

一个好的领导不仅能够让员工学到成熟的经验和技巧，更会让员工充满信心和活力，让他们的思想和状态始终保持积极乐观，对工作始终保持兴趣和热爱。

3．员工的成长离不开领导的悉心培养

如今在国际IT领域叱咤风云的联想集团董事局主席杨元庆，十多年前还是联想微机事业部的总经理，回想起总裁柳传志那次对他的严厉批评，至今仍是感慨万千。正如杨元庆在以后的一次谈话中所说："如果当初只有我这种年轻气盛的想法，没有柳总的妥协，联想就没有今天了。"

当年的杨元庆年少气盛，刚性十足，没有弹性，从来不会想到，一种优秀品质如果被推向极端也会给别人带来伤害。而柳传志作为一个"妥协的大师"，决心给这个年轻人兜头一盆冷水，让他在清醒中学会妥协。

1996年年初的一个晚上，杨元庆和他属下的全体高级管理人员奉命来到公司会议室。杨和他的属下坐在长条桌的一侧，正在说笑之间，柳传志和另两位公司前辈走了进来，表情严肃，目不斜视。柳选择了杨元庆对面的椅子坐下，连句寒暄也没有，一通斥责劈头盖脸泼将过来。他说，微机事业部虽然很不容易，功劳很大，但是太不顾周围人的感受，想怎么样就怎么样。他将自己的目光直逼杨元庆，毫不留情地说："你不要以为你得到的这一切都是理所当然的。你这个舞台是我们顶着巨大的压力给你搭起来的，在各种力量的矛盾中，你应和大家同舟共济，逐步确立你的地位，争取更大的舞台、更广阔的天地。你不能一股劲地只顾往前冲，什么事都来找我柳传志讲公平不公平。你毫不妥协，要我们怎么做？"

柳传志说话的习惯是"低开高走"，开始的时候声调通常都很平缓，渐渐高昂起来。但是，这一回，他一上来就调门很高，而且越说越高。说到最后，当场宣布两项决定：第一条，杨元庆一年内必须做出几件妥协的事情来；第二条，刘晓林即刻赴企划部就职。

杨元庆觉得自己该说点什么，可是只说了一句"我们一番辛苦，没有想到……"就再也说不下去，失声哭起来。……柳传志不予理会，只把眼睛盯着杨元庆。等到杨元庆平静下来，表示接受批评，三位前辈才起身离去，把这些年轻人扔在身后。……当晚，回到家里，杨元庆心绪难平，一夜无眠。第二天来到办公室，意外地看到柳传志写给他的一封长信。信的内容（摘要）是这样的：

……

联想已经是一番不太小的事业了，按照预定的计划将发展到更大。此刻不对领导核心精心加以培养，将来的一切都是空话。

那么我心目中的年轻的领导核心应该是什么样子呢？一要有德。这个德包括了几部分内容：首先是要忠诚于联想的事业，也就是说个人利益完全服从于联想的利益。公开地讲，主要就是这一条。不公开地讲，还有一条，就是能实心实意地对待前任的开拓者们——我认为这也应该属于"德"的内容之一……

另外，属于"才"和"德"边缘范围的内容是，年轻的领导者要凭他的无私，和他对自己的严格要求，以及对他的伙伴的大度、宽容，包括自己要有卓越的领导能力，还能虚心地看到别人的长处，不断反省自己的不足等优良品质使人心服。你知道我的"大鸡"和"小鸡"的理论。你真的只有把自己锻炼成火鸡那么大，小鸡才肯承认你比他大。当你真像鸵鸟那么大时，小鸡才会心服。只有赢得这种“心服”，才具备了在同代人中做核心的条件。

……

当事情进展到这一步，我应该更多地支持你发展优势，同时指出你的不足，注意如何能上更高的台阶。而你在这时候，应该如何考虑呢？我觉得应该总结出自己真正的优点是什么？自己的弱点是什么？到底联想的环境给了你哪些支持（这能使你更恰如其分地看待自己的成绩）？主动向更高的台阶迈进要注意什么？

下面是我想从你那里得到的信息：（1）你是不是真有这份心思吃得了苦，受得了委屈，去攀登更高的山峰？（2）你自己反思一下，如果向这个目标前进，你到底还缺什么？

柳传志的这封长信情真意切，客观公正，分析透彻。此后的日子里，杨元庆一直将此信留在身边，因为无论对于他的思想的锤炼还是品格的养成，这封信都在鞭策着他。毫无疑问，杨元庆在后来的岁月里已经能够理解当年柳传志的深意，并深深折服于老板的深谋远略和高超的领导艺术与方法。杨元庆在率领联想团队并购IBM的PC业务、走向国际化的进程中，面对不同文化的冲突，表现出了一种极强的包容心和妥协共进的精神，使人们看到了杨元庆在柳传志身上学到的、领悟到的东西已经转化为他的领导艺术和方法。

这样严厉的领导，也许员工一开始并不适应，也许他们一时挨了训，有点不服气，但长此以往，他们会从不自觉、强迫性的行为变成自觉的、良好的工作与生活习惯，会懂得“小处着手，大处着眼”的道理，会走上职业发展的坦途。今后无论他们走到哪里，这种良好的素养都会受益一辈子。

员工的成长离不开领导的悉心培养。领导的以身作则、领导的言传身教、领导的管理艺术，无时无刻不在影响着他们，启迪着他们。

## 三、感恩合作伙伴

企业的成功绝不仅仅是老板一个人的功劳，而是众人共同努力的结果。我们要感恩合作伙伴的鼎力支持，感恩公司团队同舟共济，感恩客户对我们的信赖……

1．共赢的唯一途径是合作

俗话说：一个篱笆三个桩，一个好汉三个帮。单打独斗的时代已经过去了，人类的发展既面临难得的机遇，也面临严峻的挑战，合作共赢才是新时期的主题。然而知易行难，很多企业缺乏长远眼光，热衷于一锤子买卖。带来的直接恶果就是诚信缺失、企业很难做大做强。我们先看下面这则寓言故事。

从前，有两个饥饿的人得到了一位长者的恩赐：一根鱼竿和一篓鲜活硕大的鱼。其中，一个人要了一篓鱼，另一个人要了一根鱼竿，于是他们分道扬镳了。得到鱼的人原地就用干柴搭起篝火煮起了鱼，他狼吞虎咽，还没有品出鲜鱼的肉香，转瞬间，连鱼带汤就被他吃了个精光，不久，他便饿死在空空的鱼篓旁。另一个人则提着鱼竿继续忍饥挨饿，一步步艰难地向海边走去，可当他已经看到不远处那片蔚蓝色的海洋时，他最后一点力气也使完了，只能眼巴巴地带着无尽的遗憾撒手人间。

又有两个饥饿的人，他们同样得到了长者恩赐的一根鱼竿和一篓鱼。只是他们并没有各奔东西，而是商定共同去找寻大海，他俩每次只煮一条鱼，他们经过长途跋涉，来到了海边，从此，两人开始了捕鱼为生的日子，几年后，他们盖起了房子，有了各自的家庭、子女，有了自己建造的渔船，过上了幸福安康的生活。

这则寓言故事告诉我们，只有合作才有可能共赢，否则就是死路一条。也许有人会问：合作就一定会共赢吗？我们必须诚实地回答：

不一定，合作的结果可能是共赢，也可能是一赢一输，甚至是双输。但是我们必须要认识到，取得共赢的唯一途径是合作，否则，我们连“赢”的机会都没有。

然而，在物欲横流的今天，能感动我们心灵的东西似乎越来越少，诚信缺失更是中国一些企业的管理“黑洞”，即便没有害人之心，防人之心却在无形中加深了人与人之间的距离。企业怎样才能敞开胸怀，始终站在合作共赢的高度上呢？

我的答案是，感恩！

如果有了一颗感恩的心，我们就可以换位思考，设身处地考虑合作伙伴的利益。从孔子的“己所不欲，勿施于人”，到《马太福音》的“你们愿意别人怎样待你，你们也要怎样待人”，不同地域、种族、宗教、文化的人们，都有着相同的道德标准。只有互相理解、互相包容，常怀一颗感恩的心，我们才能与别人进行有效的合作，达到共赢的目的。

2．没有完美的个人，只有完美的团队

为何李嘉诚保持了多年亚洲首富的地位？原因有很多，而最关键的是李嘉诚懂得感恩合作伙伴，因为他在建立自己的商业帝国的同时组建了一支无坚不摧的团队。

在美丽的海岸线上，有几只螃蟹从海里游到了岸边，其中一只也许是想到岸上接触一下水族以外的世界，于是它努力地往堤岸上爬。可无论它怎样努力，也始终爬不到岸上。不是因为这只螃蟹选择的路线不对，也不是因为它行动迟缓，而是它的同伴们不允许它爬上去。每当那只螃蟹爬到离水面就要上岸的时候，其他的螃蟹就会拖住它的后腿，把它重新拖到海里。

在南美洲的草原上，山坡上的草丛突然起火。无数蚂蚁被熊熊大火包围住了，大火的包围圈越来越小，蚂蚁无处可退、无路可走。就在这时出现了令人惊叹的一幕：蚂蚁们迅速聚拢起来，紧紧地抱成一团，很快就滚成一个黑乎乎的大蚁球，蚁球滚动着冲向火海。在噼里啪啦的响声中，一些居于火球外围的蚂蚁被烧死了，但更多的蚂蚁绝处逢生。

这是两个发生在自然界的真实现象。我们可以据此描绘出人类的两种心理：一、害人终害己——螃蟹团队毫无感恩可言，相互拖后腿、相互提防甚至相互憎恶，于是冤冤相报，最终一事无成；二、舍身终取义——蚂蚁是一个懂得感恩的团队，勇于牺牲小我，危难之际奋勇向前，所以生生不息。

如果我们也能如此感恩自己的团队，弘扬“蚂蚁团队”精神，还有什么艰难险阻不能克服？做大做强，将是水到渠成的事！

请记住：没有完美的个人，只有完美的团队。

3．员工是企业最重要的合作伙伴

员工是企业最重要的合作伙伴，没有了员工的忠诚，企业要想发展壮大，那是不可能的，所以作为企业理当感恩在企业发展中做出点滴贡献的所有员工！

世界头号零售企业沃尔玛造就成功企业的十条准则之一，就是“感谢员工对公司所做的贡献”。现在有许多企业都在提倡感恩之心，绝大多数都在要求员工对企业进行感恩。仔细想想，其实这种感恩应该是双向的！一个企业能够从小到大、从弱到强，与全体员工的努力是分不开的。如果没有员工的参与，再好再大的企业要想继续发展都只能归于空谈。所以企业也要学会感恩，学会对员工说“谢谢”。

企业要感恩员工的认同。员工是企业的基本组成要素，是企业存在的基础。正是由于员工对企业的认可，他们才会选择任职的企业作为自己职业生涯的一部分甚至全部。员工对企业的认同，来自于自己内心深处对企业的尊敬。

企业要感恩员工的忠诚。“我们需要忠诚的员工”，这是老板们共同的心声。忠诚的员工即使是老板不在的时候，他们也一样努力工作，为企业服务，把企业作为自己施展才华的平台。对一个企业而言，员工对企业的忠诚将大幅提高企业的效益，增强凝聚力，提升竞争力，使企业能在风云变幻的市场中站稳脚跟。

企业要感恩员工的努力。在企业的发展壮大过程中，始终少不了员工的积极参与和热情投入。员工每天尽职尽责、满负荷地工作使企业正常运营；员工为了额外的任务、提高企业效率而加班加点；员工为了获得某项订单忍受别人的冷眼和承受巨大的压力；员工为了维护企业形象不知受了多少委屈；员工为准时交货顶着高温、挥汗如雨，甚至冒着生命危险……员工敬业，才能生产出高质量的产品，正是由于员工的敬业，企业才得以发展壮大。

企业要感恩员工是自己成功的帮手。老板需要发展自己的事业，员工是最好的帮手。是员工创造了财富，成就了老板。老板收获的也不仅仅是金钱，还有成功。

企业要感恩员工相知相守。一座气势宏伟的大厦是由一块块坚固的砖堆砌而成的。同样，一个好的企业是由一个个优秀的员工组成的。员工的每一个行为都影响着企业的生存发展。作为一个企业，需要通过员工的共同努力去实现最终目标。可以说，员工和企业血脉相连。

4. 感恩客户选择了我们

从“上帝”到“衣食父母”，都形象地说明客户对我们的重要性。企业经过一段时间的发展，积累了一定的客户资源，企业也始终保持了平稳的发展，所以我们可能无法真正地意识到个别客户举足轻重的作用。甚至，我们对一些挑剔的客户会产生厌烦的情绪。但是，试想一下，如果企业失去了一个客户，那么接下来会失去更多的客户。失去客户，意味着企业失去了生存下去的基础，企业再也无力支付员工的工资，甚至面临破产倒闭的困境。

时下，面对琳琅满目的商品，消费者的选择余地很大。同一类商品，消费者选择谁，谁就有可能在竞争中最终获胜。长期或永远不被消费者认可的商品，最终只能出局！

总裁张先生最近买了一件PPG的衬衣，他现在成了PPG大喇叭，逢人就夸PPG的产品好。原来PPG一直在用心维护与张先生的关系。下面是PPG发给陈先生的其中一条短信：

尊敬的张总：您好，感谢您选择PPG衬衣，为了使您的衣物长久如新，请注意洗衣四忌： 一忌久泡；二忌洗衣粉过量；三忌洗衣过程中续添洗衣粉；四忌肥皂、洗衣粉混用。

每个星期，张先生都会收到两条来自PPG的短信，内容非常实用，有衬衣洗涤保养常识、领带打法、服饰搭配……另外PPG了解到张先生喜欢学习，还会发送一些关于世界或国内培训大师的开课行程的短信。

客户是代理商，如果代理商不支持我们的产品、不代理我们的产品，仓库积压，产品滞留，企业只能关门；

客户是销售商，如果销售商不支持我们的产品、不积极推销我们的产品，商品滞留货架，企业无从赢利；

客户是消费者，如果消费者选择了别人的产品，而不是我们的产品，最终我们会失败。

因此，客户选择了我们就是我们最大的成功，我们要时刻怀着感恩的心，感谢客户。

### 四、感恩对手

我们的成长离不开员工对我们的支持、离不开客户对我们的支持……而更离不开的则是我们的对手。正是因为有了竞争对手，我们才更勤奋、更努力，促使我们取得一个又一个成果。因此，对于我们的对手，我们更应感恩！

1．对手帮助我们发现自己的软肋

没有对手，便没有比较；没有比较，便发现不了自己的软肋，我们会一直沉浸在成功的喜悦中。当有一天我们开始衰败的时候，才发现我们有自己致命的软肋！

在自然界，猎豹尽管跑得很快，但它经常还是抓不住羚羊。这是为什么呢？猎豹虽然跑得快，但是它跑的距离很有限，只能跑几百米。而羚羊奔跑的速度每小时可以达到90公里左右，与猎豹相比，还是要慢很多，可羚羊一旦遇见猎豹，它会在一段急跑后突然转弯，利用山丘、草丛来做掩护，做锯齿型的奔跑。这样猎豹就不能发挥它快速奔跑的特长，羚羊也就能安然逃生了。

如果没有羚羊，猎豹怎会知道自己最为强势的奔跑其实也有弱点？我们与竞争对手的关系也是一样：当对手绞尽脑汁地思考着如何赢得顾客时，我们便知道自己的工作该如何做；当对手每天都在思考如何战胜我们，我们就必须不断进步；当对手毫不留情地指出并利用我们的缺点加以进攻，我们就必须完善自我。

感恩对手吧！正是由于他们，我们才会认识到自己的缺点，才会激发自己的潜能，不断进步，勇攀高峰！

2．有竞争才会有发展

没有天敌的动物往往最先灭绝，有天敌的动物则会逐步繁衍壮大。这是因为动物有了天敌的威胁，就必须时时警惕，并锻炼出对付天敌的本领；而如果没有天敌的威胁，则无意中放松了自己。久而久之，生存的能力就会慢慢退化，一旦天敌降临，就无以自卫，难逃灭亡的命运。

在非洲大草原上奥兰治河的两岸，两个羚羊群隔水而居，然而东岸羚羊的繁殖能力却比西岸的强，奔跑速度也比西岸的快。后来，有一位动物学家对这些羚羊的生存环境和饲料来源等各方面的条件进行了研究，仍然没有发现有何不同。但是多年的动物研究经验让这位动物学家确定：一定有某种因素影响着这两个羚羊群的生存境况。在百思不得其解之余，他在东西两岸各选了10只羚羊，分别把它们送往对岸，一年后，运到西岸的10只繁殖到14只，送到东岸的10只剩下3只，另外7只全被狼吃了。于是，答案找到了：东岸羚羊之所以强健，是因为在它们附近生活着一群狼，而西岸羚羊之所以弱小，是因为缺少一群天敌。

如果把天敌比作竞争对手的话，那么大自然中的这一现象在人类社会中同样存在。无论是在现实生活还是在工作中，总有一些人或事在我们的身边对我们“虎视眈眈”，逼着我们把强大的竞争压力会转化为生存的动力。

因此，为了保持必要的压力，激励奋进，我们不仅不应该厌恶、憎恨，而且应该欢迎对手、感谢对手。因为有对手才有竞争，有竞争才有成长和发展。

## >>第二节 尽力做到让员工不抱怨

释迦牟尼在两千年前，就一直在研究六度。佛家有六度：布施到彼岸；持戒到彼岸；智慧到彼岸；忍辱到彼岸；精进到彼岸；禅定到彼岸。六度是六种人生修行的方法。

布施到彼岸：正确地对待事物而获得心理平衡，包括财布施、法布施、无畏布施。财布施是指正确对待金钱和财富，知道它们是身外之物；法布施是指在理性上正确认识事物；无畏布施是指在感性上勇于面对事物。

持戒到彼岸：消除不当的欲望而获得心理平衡。主要有五戒：不杀生；不邪淫；不偷盗；不妄想；不说谎。

智慧到彼岸：通过对自然的参悟而获得智慧的成就，从而达到高层次的心理平衡。

忍辱到彼岸：不受外界任何事物的影响而始终能保持心理平衡。

精进到彼岸：要有不断进取的精神，不满足既有的心理平衡境界，最终获得高层次的心理平衡。

禅定到彼岸：通过坐禅的方式消除杂念，从而获得心理平衡。

2012年10月28-30日，我带领着我的学员们和公司的骨干团队到峨眉山修行，有幸听到当地的高僧讲到六度，让我们一行都获益匪浅。他让我们明白要做一个智慧的人，而智慧的人，正是不报怨的人。

在工作中，很多人虽然受过很好的教育，并且才华横溢，但在企业里却长期得不到提升，主要是因为他们不愿意自我反省，总是对工作抱怨不休。抱怨的人很少积极去想办法解决问题，总在为自己的平庸寻找借口，从而在自己的抱怨声中不断退步。一个人一旦被抱怨束缚，就会对工作失去主动性，而消极应付工作，这只会自毁前程。

因此，我们希望改变自己的处境，希望自己能够取得不断的进步，那么首先从不抱怨开始吧。

企业要创造条件，让自己的员工以积极的态度对待工作，做一个不抱怨的人。

## 一、职场中“让身体适应床”

生活中我们常听到有的员工抱怨，说工作太累，工资太少，同事嫉贤妒能，上司顽固不化……我们仔细想一想，其实每个理由都是在为自己的平庸做注脚。企业应该让员工明白，走出这些困境的根本方法就在于改变，如果不能改变事实，就改变看法吧。学会站在问题的另一面思考，人生就会豁然开朗。

韩国前总统李明博小时候家境贫寒，经常遭受歧视，这使他的性格内向、害羞，有着强烈的自闭倾向。从上中学开始，他就尝试改变自己，积极参加社会活动，投身企业后更是敢于提出问题。他通过不断努力，使自己的性格变得开朗起来，这些经历使李明博坚信，性格也不是固定不变的。

李明博在担任现代建设集团首席执行官时，每当有新职员就职，李明博都会对他们说："不要先判断这份工作是不是适合你，而是要改变性格去适应工作。"

在一次演讲中，有人质疑说："这不是要改变身体去适应床吗？"李明博说："你说得很对，这是一种非科学的思维方式，但对成功来说，却是非常实用、有效的方法。"

李明博在他的自传《绝非神话》中写道："许多事情是在行与不行的想法之间徘徊的。认为不行的人，脑海里只充满了不行的可能和理由；而认为行的人，即使只存在1%的可能性，也会抓住这个希望不放。即使没有这1%的可能性，面对它的人也会从中获得经验；没有努力过的人，什么也留不下。对任何事，要以积极的挑战意识去对待，其理由就在于此。"

正是具有这种积极的挑战意识，李明博从没有休过公休日，每天工作都在18个小时以上，相当于别人的两倍，这使他在36岁就成为现代集团有史以来最年轻的领导人，他也成为韩国少有的仅凭拿薪水成为亿万富翁的人，被誉为"工薪族的神话"。

员工可以从李明博的事例中明白一些道理：也许我们无法改变自己在工作和生活中的位置，但我们完全可以改变自己对所处位置的态度和方式。这也是"让身体适应床"的道理。

## 二、接受工作的全部，而不仅仅是益处和快乐

只想接受工作益处和快乐的人，是一种不负责任的人。接受工作，就要接受工作的全部，包括苦恼与压力，而不仅仅是薪水和快乐。

我见过很多年轻人，工作的时候敷衍了事，做一天和尚撞一天

钟，从来不愿多做一点儿，但玩乐的时候兴致高昂，得意的时候春风满面，领工资的时候争先恐后。他们似乎不懂得工作应付出努力，而总想避开工作中棘手麻烦的事，希望轻轻松松地拿到自己的工资，享受工作的益处和快乐。

针对这种情况，企业不仅只给员工付出酬劳，让他们们拥有一种在别处得不到的成就感，还要让他们记住：丰厚的物质报酬和巨大的成就感是与付出辛劳的多少、战胜困难的大小成正比的。

每一种工作都有它的辛劳之处。体力劳动者，会因为工作环境不佳而感到劳累；在窗明几净的办公室里工作的中层管理者，会因为忙于协调各种矛盾而身心疲惫；居于高位的领导者，背负着公司内部管理和企业整体运营的压力。

绝对完美的工作是不存在的，员工既然接受了一项工作，就应该接受工作的全部，而不是为它的益处和快乐拍手称快，对它的困难和辛劳则抱怨不休。工作是大家的安身立命之本。每一个人都不能回避这样一个事实：你首先需要生存，需要养活自己及家人，在这个前提下才能谈及个人的愿望和追求，才能过自己想要的生活。

素有“战地玫瑰”之称的凤凰卫视记者闾丘露薇，在大名远扬后接受内地记者采访时，说出了自己之所以不惧生死、不畏劳苦三赴阿富汗，又入伊拉克，忘我工作的原因：“因为我在香港生活，每个人都很实际。我现在最要紧的事情就是有一份稳定的工作，能养我的家、我的孩子，供我的房子，然后我才能想一想我自己希望的生活。”

“我最适合做什么工作？”很多人都有过这样的疑问，但现阶段就业压力如此之大，能找到一份工作已经很不错了，哪里还容得你挑肥拣瘦？除非你具有相当高的专业水平和特殊的技能，此外，你别无选择。既然别无选择，就要认可自己的工作。在没有调换到新的岗位之前，你所在的岗位，就是你最好的选择。不要再抱怨这份工作的辛苦了，如果你不改变自己的思维，到哪里都是如此，你不可能找到满意的工作。

一个人怎么做工作是他人生态度的表现。所以，了解一个人的工作态度，在某种程度上就是了解了那个人。美国前教育部部长、著名教育家威廉•贝内特说："工作是我们要用生命去做的事。"

我认为，企业应该把这句话告诉每一个员工。

## 三、学着找方法而不是抱怨

西点军校有一个悠久传统，就是遇到军官问话，学员的回答只有四种："报告长官，是！""报告长官，不是！""报告长官，不知道！""报告长官，没有任何借口！"除此之外，不能多说一个字。据美国商业年鉴统计，第二次世界大战后，世界500强企业中，西点军校培养出来的董事长有1000多名，副董事长有2000多名，总经理、董事一级的有5000多名。任何商学院都没有培养出这么多优秀的管理人才。"没有任何借口"是西点军校奉行的最重要的行为准则，是该校传授给每一位新生的第一个理念。

"没有任何借口"看起来似乎很绝对、很不公平，但是人生并不永远是公平的。西点就是要让学员明白：无论在什么样的环境中，都必须学会对自己的一切行为负责！

英国作家毛姆在成名之前，穷困潦倒，经常饿着肚子写小说，想出书没有钱，想了一个办法找到一家报社的主人说："先生，请您帮我一个忙，我想推销我的小说，在各大报纸上都刊登。"

"各大报纸？"广告部主任瞪大眼睛，"亲爱的毛姆先生，广告费很贵的，您有那么多钱吗？"

"有，这广告刊登后，我的书肯定会销售一空，您愿意帮我垫付吗？到时我会加倍还您。"毛姆自信地说。

广告部主任看了广告词后，当场一拍桌子："好，这主意太好了，肯定行得通，我愿意帮您的忙。"

第二天，各大报纸同时刊登了一则令人瞩目的征婚启事："本人喜欢音乐和运动，是个年轻而又富有教养的百万富翁，希望找一位和毛姆小说中的女主角完全相同的女子结婚。”

奇迹发生了，女性读者们等不及读完第二遍启事，就飞快地冲向书店，抢购毛姆出版的小说，回家之后，关起门来细细阅读，想知道自己是否和毛姆小说中的女主角相似，男性也不甘落后，买回来看看这本小说，以便对症下药，怕自己的女友投入到百万富翁的怀里。

好的方法往往能让你脱颖而出，为你争取到更大的发展空间。不要抱怨自己运气不好，你应该清楚，绝大部分的机会是你自己争取来的。一个绝妙的方法是开启机会大门的钥匙，这可能成为你人生的转折点。

在工作中，员工经常抱怨：“这项工作的难度太大了”“那个客户还没给我回信”“我的事情太多了，忘了还有这样一件事”“老板规定的完成期限太紧”“我们的工作条件太差了”……这些听上去好像是“理智的声音”、“合情合理的解释”，但不论借口是多么的冠冕堂皇，终究还是借口。

如果你是老板，你布置了一项任务给员工，员工不仅没有完成任务，反倒为自己找一大堆借口，你会如何反应呢？ 我想，你肯定会对这样的员工产生不满情绪。

企业最不欢迎的就是这种不找方法找借口的员工，企业应该让员工要有认真负责的态度，找借口就是一种逃避责任的表现。错了就是错了，要勇敢承担，从自身找原因，提醒自己下次不要再犯。如果你总是为失败找借口，那你永远都不会成功。成功属于那些善于找方法的人，而不是善于找借口的人。只有主动寻找方法，你才能尽快解决问题，才能迈向成功。好的方法能让你事半功倍，而一味蛮干只会极大地浪费人力、物力和财力。

可是，有多少人把宝贵的时间和精力花在了如何寻找借口上，而忘记了自己的职责！喜欢为自己的拖延找借口的员工肯定是不努力工作的员工，至少他们没有良好的工作态度。无数人就是因为养成了轻视工作、马虎拖延、惯于找借口的习惯，终致一生碌碌无为。

**四、只要努力，不用担心老板看不见**

员工工作时不努力、不认真，缺乏动力，很大一部分原因是担心自己的付出得不到老板的认可或重视。这时，企业领导者应该让他们明白，勤奋工作应该是发自内心的，是自发的，而不是做出样子来给老板看的，老板要的是实际业绩和工作效果，只有勤奋才能使自己一步步走向成功与卓越。老板不在的时候，如果员工一如既往地勤奋苦干，甚至干出比平时更突出的成绩来，你就更能获得老板的信任和重用，进而得到更多的机会。

一位雇主曾聘用一名年轻女孩当助手，替他拆阅、分类信件，薪水与同级的工作人员相同。有一天，这位雇主口述了一句格言，要求她用打字机记录下来：“请记住：你唯一的限制就是你自己脑海中所设立的那个限制。”

她将打好的文件交给雇主，并且有所感悟地说：“你的格言令我深受启发，对我的人生大有帮助。”

这件事并未引起雇主的注意，但是，却在女孩心中烙上了深深的印迹。从那天起她开始加班，不计报酬地干一些并非自己分内的工作，譬如替雇主给读者回信。

她认真研究雇主的语言风格，以至于这些回信和雇主亲自回的信一样好，有时甚至更好。

她一直坚持这样做，并不在意雇主是否注意到自己的努力。终于有一天，雇主的秘书因故辞职，在挑选合适人选时，雇主自然而然地想到了这个女孩。

认真工作才是真正的聪明。因为认真工作是提高自己能力的最佳方法。员工可以把工作当作自己的一个学习机会，长此下去，自己不但可以获得很多知识，还为以后的工作打下了坚实的基础。认真工作的员工不会为自己的前途操心，因为他们已经养成了良好的习惯，到任何公司都会受到欢迎。相反，在工作中投机取巧或许能让自己获得一时的便利，但会为自己事业的发展埋下隐患，从长远来看，是百害而无一利的。

很多时候，不管老板在与不在都努力工作的人被别人认为“傻”，很多人会说：“老板反正又看不见，干嘛那么努力呢？”可是，老板一次看不见，两次看不见，三次四次还看不见吗？当这种努力工作的态度成为自己的一种习惯时，老板不看见也难。

很多人在工作时总喜欢投机取巧，殊不知，老板其实是对自己公司的每项细节都了如指掌的，没有人比他更清楚，努力工作和不努力工作结果是不同的。有可能员工一次或两次靠投机取巧瞒过了老板，可是时间一长，总会不小心露出“狐狸尾巴”来，老板有时不说，并不是不知道，而是给你机会来改正。

任何时期，老板都会青睐认真工作的员工，并给予他们如此多的机会。老板往往会这样鼓励员工：“认真干吧！把你的能力都发挥出来，还有更多的重任等着你呢！”他的意思是说：“认真工作吧，我会给你增加工资的，会给你升职的。”当老板让员工做更多的更重要的工作时，员工的待遇自然会提高，通往成功的大门也就徐徐打开了。如果企业所有的员工都在老板的鼓励下勤奋工作，我相信，企业的运营成本会大大降低，并会朝着良性方向发展。

### 五、把有效的时间充分利用起来

在工作中，大家经常听到有人在抱怨，时间不够用。时间真的不够用吗？当然不是，关键问题出在效率低下上，人的心理很微妙，一旦知道时间很充足，注意力就会下降，效率也会跟着降低；一旦知道必须在什么时间里完成某事，就会自觉努力，使得效率大大提高。

大科学家爱因斯坦成才途径是艰难的。对他而言，根本就谈不上什么科学研究条件。大学毕业后，尽管他想当一名物理学家，但由于是犹太人，他只能当上一个专利局的小职员。艰难的生活并没有动摇他攀登科学高峰的决心。他将一天8小时的工作4小时内干完。其余的时间用来进行学习和研究。

比尔•盖茨说：“过去，只有适者能够生存；今天，只有最快处理完事情的人能够生存。”

提高工作效率不难，为某一工作分配出较短的时间，也就是说，把有效的时间充分利用起来，尽快完成某项任务——当然，在保证工作质量的前提下。可是，许多人却没有有效地利用时间，他们上班时总喜欢“忙里偷闲”，要么迟到、早退，要么在办公室与人闲聊，要么借出差之名游山玩水……这些人也许并没有因此被开除或扣减工资，但他们会落得一个不好的名声，很难有晋升的机会。如果他们转换门庭，估计也难以得到其他用人单位的赏识。

企业可以督促员工高效率地工作，尽快完成公司交给他们的任务，让他们在工作前，审慎地制订工作进度表。“凡事预则立”，如果他们能制订一个合理的工作进度表并实施，就能够真正掌握好时间，在期限之内出色地完成工作，并达到效率和质量的统一。一位成功的职场人士说：“你应该在一天中效率最高的时间来临之前制订一个计划，仅仅20分钟就能完成一个小时的工作。”

当然，工作中也有一些人，他们之所以拖延，是因为他们做事不分轻重缓急。如果一个人分不清工作轻重缓急，那他就弄不清工作的自己最该去做什么，结果可能什么都没做成。

工作需要章法，不能眉毛胡子一把抓，要分轻重缓急！美国管理学家博恩•崔西也提到：工作上若要有成功的时间管理，最好先列出一张清单，再设定优先顺序，这就叫做“ABCDE系统”。A是绝对必须要做的事，B是次优先该做的事，C是并非十分重要的事，D是可以授权给别人做的事，E则是可以取消的工作。

这样，行动起来目标更明确效率更高。

企业除了教会员工进行时间管理，做好事前规划外，还可让他们进行“自我觉察”。比如，当我们坐在电视机前，或和客户闲聊时，或者堵在车里，不妨自问一句：“对我而言，此刻最需要做的事是什么？”往往这样一问，自己很快会从电视机前或从无谓的应酬里抽身而起，或者在堵车时，很自然地拿出随身携带的录音磁带来听……时间管理其实就是生命的规划，如果我们看重自己生命的意义和质量，我们自然会科学合理地管理时间。

时间就是生命，它不可逆转，也无法取代。浪费时间就是浪费生命，浪费企业的资源，只有企业管理好员工的工作时间，督促他们做好工作计划，员工才能高效地在工作时间内完成任务，无形中也节省了企业的运营成本。

### 六、老板和员工并不是对立的

在这样竞争激烈的时代，谋求个人利益、自我实现价值是天经地义的。但遗憾的是很多人没有意识到自我实现与忠诚敬业并不是对立的，而是相辅相成的。许多年轻人以玩世不恭的态度对待工作，他们不断抱怨、频繁跳槽，觉得自己工作是在出卖劳动力。

许多员工将自己不能获得提升的原因归咎于老板的不公平，认为老板任人唯亲、嫉贤妒能，不喜欢比自己聪明的员工，甚至认为老板会阻碍有抱负的人获得成功。事实上，对于大多数老板而言，再也没有什么比缺乏合适的人选更让他们焦虑的了。

企业应该让员工明白，如果他们没有受到老板的赏识，并不是他们的专业能力不够，有可能是老板认为他们其他方面的能力不够强或他们哪方面的能力没有表现出来，自己应该反思一下，然后加以改正或表现，让老板改变对自己的看法。

当企业一时失误，对待员工不公平时，要及时更正错误，向员工道歉，并让他们明白企业整体上是公平对待员工的，不要因一时失误而产生敌对情绪，将自己与企业和老板对立起来。很多时候，员工应该学会理解和同情老板。经营管理一家企业是项复杂的工作，企业会面临种种烦琐的问题。来自客户、公司内部巨大的压力，随时随地都会影响老板的情绪。要知道老板也是普通人，也有自己的喜怒哀乐，也有自己的缺点。他之所以成为老板，并不是因为完美，而是因为有某种他人所不具备的天赋和才能。因此，首先员工需要用对待普通人的态度来对待老板，不仅如此，员工更应该同情那些努力去经营一个大企业的人，因为他们不会随着下班的铃声而放下工作。

老板和员工的利益诉求在一定层面上是统一的。对于老板而言，企业的生存和发展需要职员的敬业和服从；对于员工来说，他们需要丰厚的物质报酬和精神上的成就感。从表面上看，两者存在对立性。但是在更高的层面上，两者又是和谐统一的——公司有忠诚和能干的员工业务才能进行；员工必须依赖公司的业务平台才能发挥自己的聪明才智。

### 七、带着感恩之情工作

羔羊跪乳，乌鸦反哺，动物尚且感恩，何况我们作为万物之灵的人类呢？感恩可以影响人的一生。当我们清楚地意识到无任何权力要求别人时，就会对周围的点滴关怀或任何工作机遇都怀有强烈的感恩之情。企业应以自己富有人文关怀的企业文化引导员工竭力做好手中的工作，努力与周围的人快乐相处。结果，他们不仅会心情更加愉快，所获帮助也会更多，工作会更出色。

有位普通职员梅琴在谈到她被破例派往国外公司考察时说：“我和另一个同事虽然同样都是研究生毕业，但我们的待遇并不相同，他职位高一级，薪金高出很多。庆幸的是，我没有因为待遇不如人就心生不满，而是认真做事。当许多人抱着多做多错、少做少错、不做不错的心态时，我尽心尽力做好每一项工作。我甚至会积极主动地找事做，了解主管有什么需要协助的地方，事先帮主管做好准备。因为在我上班报到的前夕，父亲告诫我三句话：'遇到一位好老板，要忠心为他工作；假设第一份工作就有很好的薪水，那你的运气很好，要感恩惜福；万一薪水不理想，就要懂得跟在老板的身边学功夫。'我将这三句话牢牢地记在心里，自己始终秉持这个做事原则。即使起初位居他人之下，我也没有计较。但一个人的努力，别人是会看在眼里、记在心上的。在后来挑选出国考察学习人员时，我是唯一一个资历浅、级别低的办事员。这在公司里是极为罕见的现象。"

永远怀着感恩的心是一种人生态度，它是决定着你能否成功的关键。美国通用电气前董事长兼CEO杰克•韦尔奇说过一段话：一个人的成功当然跟个人的努力有很大的关系，但也缺少不了别人的帮助。在你努力工作的时候，总有老板和同事的帮助，在你从普通到优秀的时候，你最应该感谢的是曾经帮助过你的老板和同事。

一旦拥有感恩的心态，大家工作起来就会积极主动、全力以赴，这样，当机会来临时才能及时把握住。千万不要视工作如鸡肋，食之无味，弃之可惜，结果做得心不甘情不愿，于公于私都没有裨益。

真正的感恩应该是真诚、发自内心的感激，而不是为了某种目的，迎合他人而表现出的虚情假意。与溜须拍马不同，感恩是自然的情感流露，是不求回报的。

感恩并不仅仅有利于企业和老板，也有利于个人。它是一种深刻的感受，能够增强个人的魅力，开启神奇的力量之门，发掘出无穷的智能。

企业管理者要求员工努力工作时，也要求自己做好。同时，也有责任让员工明白，抨击和指责他人只会失去自己的进取心，渐渐变成抱怨。请相信时间永远是公平的，它会以自己的方式去实现公平。一切有损企业效益的行为和个人终将被清除，那些风光一时的不称职者终将被社会无情地淘汰。

企业应奉劝那些牢骚满腹的年轻人，将目光从别人的身上转移到自己手中的工作上，对工作心怀感激，多花一些时间，想想自己还有哪些需要改进和提高的地方，看看自己的工作是否已经做得很完美了。如果你每天能怀着一颗感恩的心去工作，相信工作时你的心情自然是愉快而积极的，工作的效果也将大不相同。

### 八、做个积极快乐的工作者

很难想象，一个满腹牢骚的人会对自己的工作充满激情。相反，一个积极快乐的人工作起来肯定会充满活力。

婷婷是一家建材企业的接待员，她有着我所见过最开朗、最灿烂、也最真诚的微笑。在办公室里，你时时可以感觉到她那灿烂的笑容，而每个人也都发现，自己因为婷婷而变得更愉快、也更有创造力了。

前一阵子，我顺道路过这家企业去探访朋友，却感觉这里有点不一样了。好像有人用了比较暗的颜色粉刷墙壁，或是照明出了什么问题——这是我站在接待区的感觉。后来我才发现婷婷不见了。“婷婷呢？”我问道。有人说：“她被竞争对手挖走了，薪水是我们这边的两倍多。”她四处张望了一会儿，才又追加了一句：“那家公司赚到了。”婷婷快乐昂扬的性格所散发的热情，影响了这家公司的每个人，而她的离职，则使全体员工的快乐程度和生产力都降低了。业务员说，当婷婷不在场接电话时，客户的抱怨不仅增加了，态度也变得恶劣。

企业提供条件，建立激励机制，让员工充满热情地去工作。当员工对工作投入的热情越多，决心越大，工作效率就越高，上班不再是一件苦差事，工作变成了一种乐趣，就会有更多人愿意聘请你来工作，这无论对公司还是对个人发展都有极大的好处。

我常常听到一些刚刚毕业的大学生抱怨自己所学专业枯燥，于是我试着向他们提出这样的问题：如果你所学的专业与个人的志趣南辕北辙，那么，你当初为什么会选择它呢？如果你已经为你的专业付出了四年的时光甚至更多的时间，这说明你对自己专业虽然谈不上热爱，但至少还可以忍受。

所有的抱怨不过是逃避责任的借口，这对自己对社会都是不负责任的。而成功者都乐于工作，并且能将这份喜悦传递给他人，使大家不由自主地接近他们，乐于与他们相处或共事。

如今，有不少企业提倡“快乐工作”，因为这种源于工作的愉悦感，能为员工提供源源不断的工作激情和动力，使员工达到快乐工作的境界，而这也正是工作的最高境界。

## >>> 第三节 鼓励员工做有担当的人

勇于担当是一种责任义务，是一种人生态度，更是一种价值追求。勇于担当，你将满怀希望；勇于担当，你将斗志高昂；勇于担当，你将战胜困难；勇于担当，你将迎来成功。

企业应该欣赏和重视那些有担当的职员，因为他们是企业发展的支柱。

有担当是需要付出大量精力和心血的，把工作做得出色，几乎是成功者对自己的一致要求，而对于这个要求，并不是所有的人都能达到的。做到出色要付出更多的时间和精力，薪水和待遇却很可能暂时并不比别人好。但是，如果将目光放长远一些，这样的员工就会得到一个与之相反的答案，企业也更应该重用这样的员工。

企业的发展壮大离不开有担当的员工。企业要舍得花费一定的精力去培养、鼓励员工成为有担当的人。

## 一、勇于担当

1．立刻行动

一个人的执行力如何，直接影响到完成任务的效果。一个懂执行、能执行的人更有能力去担当，其中，行动力就是关键。

英国前首相丘吉尔为了提高政府的工作效率，给那些行动缓慢的官员们的手杖上都贴上了一张纸条，上面写着“立刻行动起来”。结果，官员们一改拖沓的习惯，按时完成每天的工作，并且有条不紊。

其实，每一个行业的领导人物都认为一流的人才非常欠缺，社会上仍有许多高级职位虚位以待。是人才太少吗？不，恰恰相反，社会上资历很好和能力很强的人很多，但很多人缺乏一个非常重要的成功因素，即立即行动的能力。

习惯于拖延的人总想着明天还有时间，把事情一拖再拖。比如，要做一个企划，现在心情不太舒畅，再等等；要去拜访某位客户，今天工作比较繁杂，过几天……人还有另一条欺骗自己的谎言：在逼近最后期限时，工作效率更高。他们认为，在时间压力下，创作激情会被激发出来，灵感自然光临。其实，这是他们一相情愿的想法，最后一分钟完成的工作，质量通常都不高。

在落实工作的过程中，企业有责任告诫员工：不要拖延！现在就行动起来！

2．事不避难，勇于担当

只要生活在这个世界上，我们就会遇到各种各样的问题：小的时候要解决说话、走路、穿衣的问题；上学的时候，要解决读书、写字的问题；参加工作后，要解决结婚、生子、升迁等一系列的问题。每个人在前进的道路上，总会有这样或那样的问题存在，也总会遇到这样或那样的困难。

1920年，美国一个年仅11岁的男孩在踢足球时不小心打碎了邻居的玻璃，邻居索赔12.5美元。当时12.5美元可以买125只下蛋的母鸡，闯了祸的男孩向父亲承认错后，父亲让他对自己的过失负责。可他没钱，父亲说："钱我可以先借给你，但一年后还我。"从此，这个男孩就开始了艰苦的打工生活。半年后，他终于还给了父亲12.5美元。这个男孩就是后来成为美国总统的里根。

我不知道，没有经历这件事里根后来会不会成为总统。但我知道，他父亲的所作所为让他懂得：犯了错就该勇于承担后果，不逃避，也不推卸责任！这对他一生影响深远。

一位管理学家曾指出："为什么机会来临时我们无法确认，因为机会总是乔装成问题的样子。"遇到问题时，很多人第一反应就是逃避；接到重大任务时，很多人第一反应就是"我完成不了这个任务"。工作的问题不可能因为我们的回避而自动消失；而问题得不到解决，企业的发展就会受到一定程度的阻碍；企业发展受阻，当然也会影响到个人的发展。

"宝剑锋从磨砺出，梅花香自苦寒来。"很多时候，优秀的职员都是在不断面对问题和面对机遇的矛盾中成长起来的，并在解决问题中积累丰富的实战经验。

事不避难，勇于担当，企业鼓励员工做到了这一点，双方就都能抓住机遇！

3．善于推功揽过——承认自己错了

古语说：功归人而过归己，尽堪救患扶灾。《菜根谭》上也有一句话说得很好："完名美节，不宜独任，分些与人，可以远害全身；辱行污名，不宜全推，引些归己，可以韬光养德。"推功揽过是一种凝聚人心的工作方法，一种智力资源的有效管理，一种勇于担当的负责精神，一种处事做人的至善境界。一个善于推功揽过的人，必定是厚德载物、雅量容人、能屈能伸、大智若愚之人。

艾柏·赫巴是一位风格独特的作家，他那尖酸的笔触经常惹起别人强烈的不满，但是赫巴常常将他的敌人变成为朋友。

例如，当一些愤怒的读者写信给他，表示对他的某些文章不以为然，结尾又痛骂他一顿时，赫巴就如此回复：回想起来，我也不尽然同意自己，我昨天所写的东西，今天就不见得全部满意。我很高兴知道你对这件事的看法。下回你在附近时，欢迎驾临，我们可以交换意见。遥祝诚意。赫巴谨上。

面对这样一个对待你的人，你还能怎么说呢?其实赫巴未必有多大的错误，假如有的话，也是非常小的。但他那种精神却是可贵的。

现实生活中，我们经常可以看到，许多人在做汇报的时候，将功劳和业绩都归于上级的英明领导，把自己置于一个执行者的角色。把功劳推给上司，并不意味着你就没有功劳了，大家对此心知肚明。一个合格的上司，他是不会真抢你的功劳。如此看来，“推功揽过”实在有百利而无一害。相反，有的人在工作上有成绩时，争相揽功；出现失误时，却相互推诿扯皮，唯恐与自己有任何瓜葛，常常以“集体负责”、“交个学费”等为借口把责任推得一干二净。这样的人从长远来看，是不会有很大发展的。

聪明人推功揽过，反之，贪功推过者，恐怕只能算笨人。刘备推功揽过，责己之咎，因而三分天下得其一。袁绍刚愎自用，推过揽功，以至于众叛亲离，终于为曹操所灭。

一个优秀的人，从来不会把责任推到别人的身上，也不会在工作中找任何借口。遇到问题，能够积极处理，而不是寻找各种借口相互推卸责任。他们总是能出色地完成上级安排的任务，替上级解决问题，并且积极配合同事的工作。这是一种担当，也是一种高尚人格的表现。

## 二、乐于担当

1. 积极主动

一个乐于担当的员工，工作起来肯定积极主动。企业要想办法激励员工发挥他们的积极主动性。

齐瓦勃是美国乡村里的男孩，由于贫穷从小就没有受过多少教育。少年时期的齐瓦勃曾经种过地，还做过马夫，然而雄心勃勃的他却无时无刻不在寻找着实现梦想的机会。

齐瓦勃18岁的时候来到了钢铁大王卡内基属下的建筑工地打工，这令他兴奋不已。于是，他下定决心要成为最优秀的建筑工人。所以，当其他工人在抱怨工作辛苦、薪水太低的时候，齐瓦勃总是在一旁默默地积累着工作经验，找到更好的工作技能，并开始自学建筑知识。这一切被经理看在眼里。

几个月后，齐瓦勃升为了技师。当同事惊讶地问他有什么本事胜任这份工作的时候，齐瓦勃回答："我不光是在为老板打工，更不单纯为了赚钱，我是在为自己的梦想打工，为自己的远大前途打工。我们只能在业绩中提升自己。我要使自己工作所产生的价值，远远超过所得的薪水，这才是我想要的人生。"凭借着这样的信念，齐瓦勃一步步地升到了总工程师的职位上。

几年后，年仅25岁的齐瓦勃成为了这家钢铁公司的总经理，后来又被卡内基任命为钢铁公司的董事长。

后来，齐瓦勃终于建立了自己的公司——大型的伯利恒钢铁公司，并创下了非凡的业绩。

正是因为齐瓦勃在工作中乐于担当，他才实现了从一个打工者到创业者的飞跃。企业应该鼓励员工要像齐瓦勃那样乐于担当，认真地完成领导交给的任务，积极主动地将问题解决。

如果一个人没有担当，总是投机取巧，不肯用心工作，即便他资格再老、能力再强，也一定会被组织无情地抛弃。不想被“嫌”，就不要太“闲”。 只有那些在工作中全力拼搏，乐于担当的职员，才有可能做出好成绩，并取得领导的信任，为自己的将来打下基础。

2. 对自己的行为负责

“拍脑袋”决策，“拍胸脯”保证，出了事“拍屁股”走人，这是一些领导和职员经常犯的毛病。这一点值得我们深思。

好的点子，好的创意，不是“拍脑袋”拍出来的，而是通过认真调研、仔细思考得出来的；事情的可行性不是“拍胸脯”保证出来的，而是经过科学的分析论证出来的。如果做不到这两点，还真的只能让你“拍屁股”走人了。

“交学费”和“当初怎么就没想到呢……”是很多领导挂在嘴边的托词，这种领导者的非理智决策和对决策的不负责任，将给企业造成极为严重的后果。

在企业的日常经营管理中，每当上项目或制定某项工作任务，都应该是有组织、有计划、有监督、有检查、有验收的，都绝不应该是想当然凭空而来的；在实施过程中也必须是有条件、有时间限定、有空间操作、有预见性的，否则就不可能实施或者去完成。如果仅仅凭着主观的臆想去制定和实施一个计划或任务，结果和初衷形成负向的反差也就应该在情理之中了。

所以，作为一个企业的领导者或一个团队的管理者，在下达命令时，一定要从客观实际出发，充分考虑实施和执行的因素，不能凭主观想象去下达根本无法完成的任务指令，把工作玩成“放空炮”的游戏；执行部门和执行人员，每当接受任务指令时，必须先考虑实施计划，弄清完成任务所需的资金、设备设施、人员、交通、通信、时间空间、天气等条件的客观性，当某些起决定因素的条件不具备时，就不能接受这个任务指令。这是职场中必须遵守的规则。

要想把事情办好，就要勤于观察、分析和实践，对自己的行为负责。这样的人才是一个乐于担当的人、一个有发展前途的人。

3．善待你的工作

如今，天天喊着要拿高薪的人越来越多了，而真正能在工作中务实的人却越来越少了。很多职员不再以学习为荣，不再以感恩为荣，不再以诚信为荣……这样浮躁的人很难在实际工作中踏实、用心地将一些细小、繁杂的事情做好。企业要警惕这样的员工，必要的时候可当面批评、纠正，尽力创造机会让他们在职场中脱颖而出、出类拔萃，让他们认识到成功没有别的捷径，唯一的方法是踏实、用心做好每一件事。

一个多世纪以前，有一位年轻人在美国某石油公司工作，他所从事的工作简单到小孩子都能胜任，就是每天检查石油罐的盖子是否自动焊接完全，目的是确保石油能安全储存。

每天，他都会看机器上百次重复着同一个动作：首先是石油罐在输送带上移动至旋转台上，然后焊接剂自动滴下，沿着盖子旋转一周，最后工作完成，油罐下线入库。他的任务就是注视这道工序，从清晨到黄昏。

这个工作岗位是人员流动最频繁的，很多人都无法长时间忍受这份工作的枯燥和乏味，最后都主动离职。这个年轻人也想过离开，但是他觉得如果自己连这样一份工作都做不好，还能做什么呢？所以，他选择留下来。

工作了一段时间之后，年轻人在机器上百次重复的动作中，注意到了一个非常有意思的细节。他发现罐子旋转一次，焊接剂一定会滴落39滴，而实际上38滴就够了。他想如果能将浪费掉的那一滴节省下来，每年将会节省多少焊接剂啊!

39滴焊接剂，有一滴被浪费掉了，这个年轻人发现了别人从来没有注意过的问题，并依此研制出了一种“38滴”焊接机并推荐给了公司。可别小看这一滴焊接剂，它给公司带来的是每年5亿美元的利润。

这位年轻人，就是后来掌控全美制油业的石油大王——洛克菲勒。

不难想象，如果洛克菲勒也像别人一样，忍受不了枯燥无味的工作过程，其结果只能流于平庸。正是他沉下心来，善待自己的工作，才在平凡的工作中做出了不平凡的贡献。

很多人看到别人到了某个企业，收入、待遇都有所提高，自己看着就眼红，也产生了换一份工作的想法。其实，如果连自己的本职工作都没做好，就“这山望着那山高”，盲目和别人攀比，只会自寻烦恼。

要做好自己的本职工作，首先要遵守企业的规章制度，要有强烈的时间观念，不迟到、不早退。实际上，遵守时间是一个职员最基本也是很重要的品质。大凡遵守时间的人都有很强的自律意识和责任心，他们善于尊重别人，办事讲求效率，做人做事讲究诚信严谨。反之，不遵守时间的人常常会表现出没有自制能力，什么事都无所谓，给人留下一种做事散漫的感觉。

要知道，我们生活在这样一个高速发展的社会中，为避免自己陷入“贬值”的境地，我们就必须意识到“发展才是硬道理”。

早起的鸟儿有虫吃，企业要时刻提醒员工：请善待你的工作！

4．你能做到

一次偶然的机会，我一口气读完了玫琳凯女士亲笔写的《我心深处》一书。

玫琳凯·艾施，这位46岁才以5000美元起家的普通女性，在短短35年间，成为全美十大杰出女性之一，并创立了遍布27个国家和地区，年营业额达18亿美元的化妆品公司。书中讲述了一个个她亲身经历或亲眼目睹、亲耳所闻的动人的故事，每一个故事都是一种精神，而所有故事、所有精神的核心是：你能做到！

玫琳凯最初加入直销行业时，正处于人生的最低谷，她甚至到了找心理医生的地步。她是一个带着三个孩子的单亲妈妈，为了孩子，她下定决心，只要一出门必定带着一张快乐的脸庞。无论强颜欢笑也好，真心的也好，总要开开心心地出门。最终，她做到了，并获得了真正的快乐。

是的，你能做到！企业要向每一位员工传递这样的信息。

工作中，大家经常会碰到自认为自己干不了的事。比如领导安排你去完成一项任务，但是提供的条件有限，于是，你的第一反应是："我完成不了这个任务，It is impossible！"其实，天底下几乎没有什么不可能的事情，可能的情况是，你不敢去做、不敢接受挑战。企业面对这样的员工时，要激发他们积极的自我意识，充分开发和利用自身的巨大潜能，这样工作起来会更有效率。

机遇总是留给有准备的职员，鼓励他们学会"每天多做一点"，使他们从竞争中脱颖而出，让他们得到领导、同事和群众的关注和信任。优秀的职员和平庸的职员，差别就在于多想一点，多学一点，多做一点。

## 三、精于担当

### 1. 学习，不断地学习

人的一生很漫长，也很短暂。从咿呀学语算起，我们的学习生涯就开始了。我们因学习而成长，也因学习而成熟，更靠学习而成功。

著名企业家李嘉诚是众所周知的华人商业领袖，虽然已过古稀之年，但是仍旧驰骋商场，是一位终身学习的楷模。小的时候，李嘉诚想方设法博览群书，为自己的成长和事业的成功打下了坚实的基础。年轻的时候，李嘉诚努力学习粤语和英语，为自己立足香港提供了保证。即使后来功成名就了，李嘉诚也没有停止学习的脚步，学习已经成为他生命中不可或缺的一部分。

李嘉诚说："我们身处瞬息万变的社会中，全球迈向一体化，科技不断创新，先进的资讯系统制造新的财富、新的经济周期、生活及社会。我们必须掌握这些转变，应该求知、求创新，加强能力，在稳健的基础上力求发展，居安思危。无论发展得多好，你时刻都要做好准备。财富源自知识，知识才是个人最宝贵的资产。一个人只有不断填充新知识，才能适应日新月异的现代社会，不然你就会被那些拥有新知识的人所超越。”

在六十多年的从商生涯中，李嘉诚一如既往地保持着旺盛的求知欲望。直到现在，李嘉诚还保持着学习的习惯，坚持每天晚上睡觉前，都要看半个小时的书或是杂志，关注文、史、哲、科技、经济等多个方面，了解行情、学习知识、把握信息。有人曾问他：“今天你拥有如此巨大的商业王国，靠的是什么？”李嘉诚毫不犹豫地回答：“靠学习，不断地学习。”

是的，“不断地学习”就是李嘉诚取得巨大成功的奥秘。李嘉诚不仅把终身学习作为自己的信条，更是用自己一生的行动证明了终身学习的巨大力量。

很多人进入社会参加工作几年后就丧失了上进心，他们认为自己目前所掌握的知识足够一生所用了，于是就开始吃起老本来。即使有一些工作业绩，那也只能代表过去。如果想在这个行业中有所发展，充电是唯一可行的方法，否则的话就意味着你会“贬值”。

学习是永无止境的。请抓紧一切可以学习的时间，关注一切可以学到知识的人和事，做到处处学、事事学、人人学。

2．你有“金刚钻”吗？

中国有句古话：没有金刚钻，别揽瓷器活。这句话的意思再明白不过了，“金刚钻”是“瓷器活”必须的工具，如果缺乏，就意味着无法完成工作。在员工不具备某种能力的情况下，夸下海口，大包大揽，结果只会耽误了事情，进而影响到自己的声誉，别人也会觉得“其实你根本不行”！

丽莎从英国留学回来后，进了一家公关公司。老板很看重她的留学背景，可是同事筱筱对丽莎很不满。

筱筱在公司已经干了一段时间，丽莎进了策划部后就和筱筱一起负责活动的策划。丽莎的到来，成了筱筱最大的威胁。进公司后不久，她们就接到一个比较重要的项目，由丽莎和筱筱一起策划。每天她们都讨论到很晚，丽莎把自己的新点子一个接一个地抛出来。

可没想到，在策划做好之后，筱筱却单独去找老板，把两个人一起做出来的方案向他汇报，却绝口不提丽莎的名字——两个人的创意成了她一个人的！

丽莎并没因此而气馁，而是继续努力工作。丽莎非常了解自己，她知道自己的强项是什么，比如她懂得揣摩客户的心理——这些都是筱筱没有的。在以后的工作中，丽莎不断强化着自己的优势。而筱筱再也没拿出过好的策划，半年之后，筱筱主动提出了离职。

人贵有自知之明，正是因为丽莎明白自己的实力在哪，才在工作中成为不可替代的，而筱筱没有实力，却偏要打肿脸充胖子，处处要出风头，结果却被最先淘汰出局。

企业要帮助员工对自身的水平有一个较清晰的定位，认清自己的特点后，你就需要在自己所擅长的领域中努力把自己打造成为拥有“金刚钻”的疑难问题专家。拥有“金刚钻”的职员是最受企业欢迎的。因为他们无论面对多么棘手的问题，都能够迎难而上，找到行之有效的解决办法，为企业分忧。

拥有“金刚钻”的职员总能解企业的燃眉之急，为企业的发展带来惊人的突破。企业应该重用这样的员工，鼓励他们发挥自己的特长，激发他们的工作热情。

如果你拥有自己的“金刚钻”，那么相信你无论到哪里，都能找到自己的位置，成就一番事业。

3．标准化

“没有规矩，不成方圆”，按照标准和制度办事，可以让我们少出错，少受损失，甚至可以让我们更有效率。

企业应制定有效的工作制度，让职员有章可依，有助于实际生产和工作。如果大家不按标准和制度办事，不仅给个人造成损失，甚至会给企业带来重大危害。

制度对企业来说是非常重要的，只有让制度融入职员的思维里，才能落实到职员的日常行动上。

张瑞敏在1984年12月26日来到海尔，那时候厂里的职员素质很低，甚至在车间里随意大小便。张瑞敏就此提出“从严治厂”，他认为：“没有最基本的，其他便是空的。”张瑞敏从当时存在的问题出发，废掉原来的制度，制定了对海尔具有里程碑意义的“十三条”，为海尔腾飞奠定了基础。

其中，“不准在车间随地大小便”是这“十三条”中最主要的一条，还有“不准迟到早退”、“不准在工作时间喝酒”、“车间内不准吸烟，违者一个烟头罚500元”等规定。另外，还有一条令人印象非常深刻，就是“不准哄抢工厂物资”。这“十三条”颁布后确实产生一些效果，可并不太大：车间里大便没有了，小便依旧随地解决，还普遍存在随意拿公物的现象。于是，张瑞敏就让干部将这十三条制度贴在车间大门上，并公布违规后的处理办法，同时把门窗全都大开着，在周围布置人监视，看有没有人敢再去拿东西。没料到第二天上午10时，就有一人大摇大摆走进车间扛走一箱东西。两小时后，张瑞敏让干部贴出布告开除了这个人，给所有人一个警告：这个新领导是绝对严格的。

从海尔的案例中我们可以看出，制度一定来自问题，哪里有问题，哪里就有制度。执行制度、检查制度的落实情况必须“动真格”。 因为只有制度得到了执行，工作的落实才能得到保障。只有这样，企业才能更好地发展，职员才能获得更大的利益。

作为一名精于担当的职员，要对领导安排的事情充分理解、不折不扣地执行，要想执行不走样，接到任务之后，首先要想一想：领导让我做这件事的意图是什么？这件事应该遵循什么样的流程？否则就很容易出现偏差，执行出来的结果完全不是同一回事。

4. 能谋善断

微软公司创始人比尔•盖茨说：“思考还要与实践相结合。好的职员会合理、高效地利用时间，并为公司提出合理化建议。”

的确，一个有担当的职员，一定会通过学习，提高自己观察问题、认识问题、分析问题、解决问题的能力，面对复杂多变的客观世界，能从容地找出解决问题的最佳方案，在需要担当之时会担当、敢担当、能担当。

每个企业在发展过程中总是会不可避免地产生许多问题，当企业内部存在一些问题和一些不利于企业发展的不合理情况时，企业需要能站出来为企业出谋划策的员工。

企业要培养这样的员工，努力与领导同步思维甚至超前思维。领导来不及考虑的问题，他能提前想到；领导想到的问题，他能具体细化；领导担心的问题，他能提前预见；领导希望解决的问题，他能有办法破解。这样才能“参”到点子上，“谋”到关键处。有这样能谋善断的员工，企业的软实力会大大增强。

5. 合作共赢

一个精于担当的人，绝对不能停留在口号上，一定要拿出行动来。在执行中可能会遇到各种各样的困难，这就需要我们鼓起勇气，用行动去跨越这一绊脚石。一个精于担当的人，还要善于与他人合作，当你在一个企业或团队中工作时，你的人生就已经和这个企业或团队联系在一起了，你要善于借助团队的力量前行，而不是单打独斗。

杰克•韦尔奇说：“在一个公司或一个办公室里，几乎没有一件工作是个人能独立完成的。”大多数人只是在高度分工中担任部分工作，只有依靠部门中全体职员的互相合作，互补不足，工作才能顺利进行，才能成就一番事业。

团队造就个人，个人成就团队。作为企业的一分子，一个优秀的职员能自觉地找到自己在团体中的位置，自觉地服从团体运作的需要，把团体的成功看作发挥个人才能的目标。

纵观社会上的成功人士可以发现，真正取得竞争优势的人首先是一个善于合作的人，完全单枪匹马而稳操胜券的人并不是经常出现的，因为我们处在一个专业分工精细而又合作共处的时代。要达到成功的顶峰，仅靠个人的力量是不够的，因为任何人的力量都是有限的，唯独依靠一个团体时，个人的力量才会变得异常巨大。

总之，在分工越来越细化的市场经济中，没有人能单打独斗，企业要鼓励员工一定要实现从“个人智商”到“团队智商”甚至到“团队职商”的转变。

6．站得高，看得远

如果你想成为比别人看得更远的人，你必须站在巨人的肩膀上。假如你站在山脚下，你会被群山包围而障目塞听。当你抬头仰望，发现自己只能看到一小片天空，犹如一只井底之蛙。要想眼界开阔一些，就要站得高一些。只有这样，你才有可能有更成熟的考虑，才有可能对未来有更清醒的认识。

如今，iPhone和iPad等一系列苹果公司的产品火得一塌糊涂，而与这紧密相关的一个传奇人物也受到更加广泛的关注，这个人就是苹果公司前任CEO乔布斯。“活着就为改变世界。”是乔布斯最为出名的一句话，乔布斯的远见和坚持让他走向了今日的成功。

“我要让世界的各家各户都用上电脑。”一句话成就了一场计算机的改革，造就了世界首富比尔·盖茨。伟大的梦想，壮阔的雄心，使得比尔·盖茨在世界大舞台上充分展示了自己的天赋。他使计算机得到普及，他的产品垄断全球，他影响了未来科技的发展。

正是因为他们有常人难以企及的远见与格局，才可能迸发出超人的能量，对世界产生如此巨大的影响力。企业也要有这样的雄心壮志，把自己奋斗的目标定高，然后坚定不移地向这个目标迈进。当然，我们强调的目标要高，不是高谈阔论，不是好高骛远，而是实实在在“干当前，想长远”。我相信，这些“站得高，看得远”的企业肯定出类拔萃。

## 第四节 企业要向员工传递正能量

这几年，大家经常会听到这样一个词语：正能量。“正能量”本是物理名词，而它的流行源于英国心理学家理查德·怀斯曼的专著《正能量》，其中将人体比作一个能量场，通过激发内在潜能，可以使人表现出一个新的自我，从而更加自信、更加充满活力。如今，它已经上升为一个充满象征意义的符号，人们喜欢将所有积极的、健康的、催人奋进的、给人力量、充满希望的人和事，贴上“正能量”的标签。

日本的江本胜博士所著的《生命的答案——水知道》用科学实验证明了人的意念（信念）是具有能量的。人对一滴水的意念不同，水就会结出不同的结晶。

当水“看”到“爱与感谢”时，就呈现出几乎接近完美的结晶。江本胜博士这样描述：“我从来没见过那般美丽而绚烂的结晶。这样的水结晶充满了喜悦，并形成像盛开的鲜花一样的形状。”

“天使”一词让水结晶呈现出有很多小结晶环绕着的模样；“恶魔”一词则让水结晶的中间部分呈黑色凸起状，给人充满攻击性的感觉。

最妙的是听了肖邦的《离别曲》的水结晶，美得小巧玲珑，并分散成几块，简直令人惊叹。相反地，当水听了曲调嘈杂，歌词充满愤怒、反抗及低俗字眼的某些音乐时，水的结晶形状与看到“浑蛋”一词相似，全都是凌乱而破碎的。

江本胜博士的水实验让我们看到，世界因为充满正能量而美丽。

人的意念（信念）来自于人体的能量场，但人的这一能量场会随着后天不断产生的欲望而减弱。减少欲望，保持心态的平和，多做善事能增强这一能量场。人的意念（信念）越专一，这个能量就越大，这也就是人们为什么常说“心诚则灵”的道理。为什么胆大的人做事容易成功？这是因为胆大的人做事果断、意念（信念）专一。所以，做事的想法越单纯、执著，就越容易成功。而生性多疑、优柔寡断的人做事很难成功。

当你只专注于这世界的负面事件时，只会把更多负面事物效应带给大家和自己。

当我们在工作、生活中遇到不顺时，就喊上一句“我要正能量”，相信前进的道路上必定增加许多的动力。

企业的发展，离不开正能量，企业要时时向员工传递正能量，让他们积极有效地投入到工作中去。

## 一、不要和负能量的人交朋友

每个人身上都是带有能量的，积极乐观的人带有正能量，和这样人交往能将正能量传递给你，令你感受到那种快乐向上的精神，让你觉得“活着是一件很值得、很舒服、很有趣的事情”。而绝望悲观的人则刚好相反。

蔡康永在接受记者采访，对小S进行评价时说：“小S是个很好玩的人，她个性本身就是很乐天，很有活力，这个朋友让我觉得活着是一件很值得、很舒服、很有趣的事。有的人会让我觉得活着很没劲，碰到他会把我的能量都吸走。”

人就像“飞蛾趋光”一样，喜欢阳光、快乐的人，和这样正能量的人交往，你会觉得自己那点不开心的事情不过是生命中的一个小插曲，没什么大不了的，未来还是光明的、充满希望的，生活还是很有滋味的。拥有正能量的人也很容易成功，很简单，大家都很喜欢他嘛，愿意和他交往，有人脉就有成功的胜算，并且没有什么困难会把他打倒。

装了一半水的杯子，乐观的人看到的是半杯水，悲观的人看到的是半个空杯。无论你怎么看，那个杯子都是装了一半的水，不以你的意志为转移，那还不如让自己满足一点、快乐一点好了。

除非你有足够的意志力，否则不要和负能量的人交朋友。

### 二、向周围辐射积极的能量

正能量好比一个“磁场”，可以向外辐射积极和乐观。拥有正能量的人是自信的、值得信赖的，这样的人就像是一个正能量磁场或一种气流，可以补充或改造四周较弱的负能量磁场，在遇到较强的负能量时，往往能起中和的作用，使消极的影响力消退。

斯蒂芬·霍金是国际著名数学家、理论物理学家，英国剑桥大学应用数学和理论物理系终身教授，被称为在世的最伟大的科学家之一。

在一次学术报告会结束后，一女记者登上讲坛，在表达了景仰之情后，尤显突兀和尖锐地问：“霍金先生，卢伽雷病使你永远地固定在了轮椅上，你不觉得命运让你失去了很多东西了吗？”全场一片寂静。霍金微笑依旧，用手指敲击几下键盘，在屏幕上出现了那么一句话：“我有我始终追求的理想，有我爱和爱我的亲人和朋友，对了，我还有一颗感恩的心。”全场掌声不息。

霍金的魅力不仅在于他是一个充满传奇色彩的物理天才，还因为他是一个令人折服的生活强者。他口不能说，腿不能站。可是他仍然感到满足：一根能活动的手指，一个能思维的大脑……命运之神对霍金，在常人看来是苛刻得不能再苛刻了。但他却没有丝毫抱怨，而是心存感恩，他向人们传递的是积极的能量。

人的内心就是一座“能量场”，既隐藏着自信、豁达、愉悦、进取等正能量，又暗含着自私、猜疑、沮丧、消沉等负能量。这两种能量，可以说是此消彼长的关系。当正能量不断被激发时，负面情绪会逐渐被取代，人的幸福感也会慢慢增加。霍金如此，我们普通人也如此。身在职场中的人，更要用积极地心态调整自己，不但能引导自己远离消极，还能向别人传递正能量。

### 三、感恩是最大的正能量

感恩是最强大的正能量。你怎样看待生活，生活就怎样回应你。懂得感恩，是一种能量的转换。心中只有阴霾，阳光也会被遮挡；心中多一些阳光，阴霾迟早会放开。

1972年，新加坡旅游局给总统李光耀发了一份报告，大意是说，我们新加坡不像埃及有金字塔；不像中国有长城；不像日本有富士山；不像夏威夷有十几米高的海浪。我们除了一年四季直射的阳光，什么名胜古迹都没有，要发展旅游事业，实在是巧妇难为无米之炊。

李光耀看过报告，非常气愤。据说，他在报告上批了这么一行字：你想让上帝给我们多少东西?阳光，阳光就够了!

后来，新加坡利用那一年四季直射的阳光，种花植草，在很短的时间里，发展成为世界上著名的“花园城市”，连续多年，旅游收入列亚洲第三位。

新加坡虽然没有名胜古迹，甚至没有任何旅游看点，但大自然赋予它充足的阳光，这就够了，新加坡人民对此抱有感恩之心，并最终将其发展为世界闻名的“花园城市”。企业要让员工懂得，无论自己取得了多大的进步，都要记得想一想那些对你来说最重要的人，比如你的家人、你的工作伙伴。懂得感恩就会拥有生活正能量。

**四、坚持，带给我们正能量**

坚持，是一个持续的过程。想成一事，必从小事开始，积少成多。正所谓不积跬步，无以至千里；不积小流，无以成江海。大道理，谁都会讲，但能够真正“坚持”的人又有多少？想要实现自己的梦想，就要坚持、努力，可以说成功贵在坚持，它给我们带来的是巨大的正能量。

李欣大学毕业后，前往北方某市求职，经过努力，她和另外两个女孩被一家公司初步录用，试用期为一个月，试用合格，将被聘用。

李欣和那两个女孩都很努力，到了第二十九天时，公司按照她们三人的营业能力，一项项给她们打分。结果，李欣虽然也很卓越，但仍然比另两位女孩低一至两分。公司王经理托部下通知李欣：“明天你是最后一天上班，后天便可以结账走人。”

最后一天上班时，两位留用的女孩和其他的人都劝李欣说：“反正公司明天会发给你一个月的试用工资，今天你就不必上班了。”李欣笑道：“昨天的工作还有点没做完，我干完那点活，再走也不迟。” 到了下午三点，李欣最后的工作做完了。又有人劝她提早放工，可她笑笑，不慌不忙地把自己工作过的桌椅擦得干干净净，一尘不染，而且和“同事”一同放工，她感觉自己很充实，站好了最后一班岗。其他员工见她这样做，都非常感动。

第二天，李欣到公司的财务处结账，结完账，她正要离开，顶头遇见王经理。王经理对她说：“你不要走，从今天起，你到质量检验科去上班。”李欣一听，惊住了，她不相信会有这种好事。王经理微笑着说：“昨天下午我暗中观察了你好久，面对工作你有坚持的理念。正好我们公司的质量检验科缺一位质检员，我相信你到那里一定会干得很好。”

李欣的坚持告诉我们：

坚持，是一种负责任的态度；坚持，是“柳暗花明又一村”的意外收获；坚持，是一种美德。而这一切都在向我们传递着正能量。这样的员工也是最受企业欢迎的。

**五、找准自己的弱点，战胜自我**

人生是一个不断战胜自我从而达到新的目标的过程。一个人只有找准自己的弱点、战胜自我，才能发掘出自己身上的无限潜能。

他在兄弟姐妹中排行第五，生性害羞，外号“大妹”。因为害羞，小朋友们玩，他只在旁边看着。更要命的是，他仿佛有种学习停滞症，始终无法把自己的精力用到读书上，上课5分钟后就完全失去了注意力。为了圆大学梦，他从早到晚甚至夜里都死啃书本，最后终于考上了东海大学。

进入大学后，他的学习停滞症再次爆发，成绩一塌糊涂。他学的是物理专业，可物理成绩居然是17分，算术0分。于是他又缠着教员要求换个好混一点的社会形态学专业，可惜他终究未能混到毕业。

没有文凭，他只能选择当营业员。卖工具这件工作对他来说，仍具备非常大的挑战和压力，因为他太害羞了，甚至不敢和女生说话，还未开口，手就发抖。幸亏他知道他的问题在哪里，于是第一次上班的时候，他就强迫自己见了人必须大声地打招呼。受训的时候，提问时抢先举手的一定是他，不是因为他知道答案，而是受训前他就决定了，无论会不会回答问题都要第一个举手，讲话时再想答案。

一个星期后，他感到脸皮厚到了一定水平，就提着包上了路。培训时经理说，来我们这个行业，3个月还没有卖出一台机器很正常的，第四个月才有可能卖出机器。但一个半月后，他卖了4台机器，其他的人1台机器都没有卖出去。

销售员的经历使他发现了自己的经商潜力。1987年底，他来到了洛杉矶，创建了Keypoint科技公司。1990年，他创建优派集团，同时创建了奇特的品牌行销策略，在10年的时间里，他的优派集团成为全球最大的显示器跨国集团。1996年，他被《泛太平洋》杂志誉为“十大亚裔青年企业家”之首，昔日的差生成为名副其实的亿万富翁，他就是优派集团总裁朱宗良。

这个故事告诉我们：找准自己的弱点，战胜自我，成功就在不远处。

### 六、生活绝对公平，你得到的不会比别人少

事物都有两面性，有的人只看到积极的一面，这样每天都处在快乐之中，每天都充满了希望。而有的人却偏偏只注意消极的一面，这样每天处在心灰意冷、黯然神伤的心境中。这就是为什么有的人总认为自己是倒霉的，而有的人总认为自己是幸运的原因了。有个人做了这样一个实验：

我们假设这样一个情境：你在银行不幸遇到了劫匪，更不幸的是，劫匪开了一枪，正好打在了你的胳膊上。我们设定—3、—2、—1、0、＋1、＋2、＋3，分别对应从“非常不幸”到“非常幸运”的七个等级，然后让乐观者和悲观者分别评定这件事幸运或是不幸的等级。悲观者给此事的分数大都是—3或—2，他们觉得，这实在是太倒霉了。而一些乐观者，你相信吗？他们为此事打了＋3分，因为他们觉得，“子弹本来可能打死我的，但只是打伤了我的胳膊，这表示我还可以与之搏斗”；“子弹没打到头是件多幸运的事啊，没准你还可以

把这事写成稿子，赚笔稿费呢！”

乐观者的思维方式就是这样与众不同，即使遇到坏事，他们也会想到积极的一面。所以，乐观者总能保持积极的心态，始终期待美好的结局。

对于任何一个人来说，生命都是一个非常美妙的过程。在这个过程中，既有得失荣辱也有悲欢离合，得到的同时也在失去，播种的同时也在收获，生活其实是很公平的。只不过，很多时候的很多东西，我们尚未领悟透彻罢了。因此，不要羡慕别人的生活，别人不见得比你过得更好，每个人都有自己的欢乐和痛苦。你所拥有的，也许恰恰是别人所缺少的，与其为别人的拥有而不平，不如为自己的拥有而开怀。

西方有句口头禅：“上帝是绝对公平的。”上帝对每个人都是一样的，你所失去的东西会以另外一种方式补偿给你。

不管我们遇到什么事情，都要坚信，任何一个人，都有着自己独特的秉性和天赋，也都有着自己实现人生价值的切入点和突破口。如果你的眼里充满对生活的希冀，即使在命运的玩笑中也能高昂着头，跨过心灵的绊马索，你就能不断地充实自己和超越自己。

在这个世界上，生活对谁都是一视同仁的：你付出了劳动，那么就会得到收获；你待人宽厚，那么就会被人宽容；你性情懒散，那么就会事无所成。不要再为所谓的不公平而烦恼抑或抱怨了，这样只能说明你还是一个不够成熟的“幼儿”。我们需要做的，就是沿着自己的生活轨迹脚踏实地珍惜自己的那份拥有，好好地经营自己的人生，如此成功就会很快光顾你了。

## 七、有正能量心态者处处可发觉成功的力量

雨后，一只蜘蛛艰难地向墙上已经支离破碎的网爬去，由于墙壁潮湿，它爬到一定的高度就会掉下来，它一次次地向上爬，又一次次

地掉下来……

第一个人看到了，他叹了一口气，自言自语道："我的一生不正如这只蜘蛛吗？忙忙碌碌而无所得。"于是，他日渐消沉。

第二个人看到了，他说："这只蜘蛛真愚蠢，为什么不从旁边干燥的地方绕一下爬上去，我以后可不能像他那样愚蠢。"于是，他变得聪明起来。

第三个人看到了，他立刻被蜘蛛屡败屡战的精神感动了。于是，他变得坚强起来。

由此可见，人生道路取决于你的心态。只有拥有正能量的心态，你才能感受人生的真谛、拥有成功的力量。

企业的领导者应该定期组织员工参加一些集体活动，为他们营造良好的沟通渠道，向他们传递正能量，也让他们懂得将正能量运用到工作和生活中。拥有正能量员工的企业自然会有效利用资源，节约成本。这样的企业也一定是朝气蓬勃的企业。

# 第二部分　修炼内功

## 第一章　战略三角

经过在家居建材行业这么多年的打拼，我逐渐摸索除了一些经验，并将其总结为：

“我们”在哪里？（现状）

“我们”去哪里？（未来）

“我们”如何去？（路径）

对企业而言，回答好这三个问题，能够帮助企业制定好中长期战略规划。

战略就是如何有效地围绕目标整合资源，它是以建立持久竞争优势为目的的一系列整合行动。以下这个战略三角是我在家居建材行业潜心研究10年的成果，由战略选择、业务规划、价值观和目标四部分组成。我希望能对每一个家居建材企业制定战略规划有所帮助。

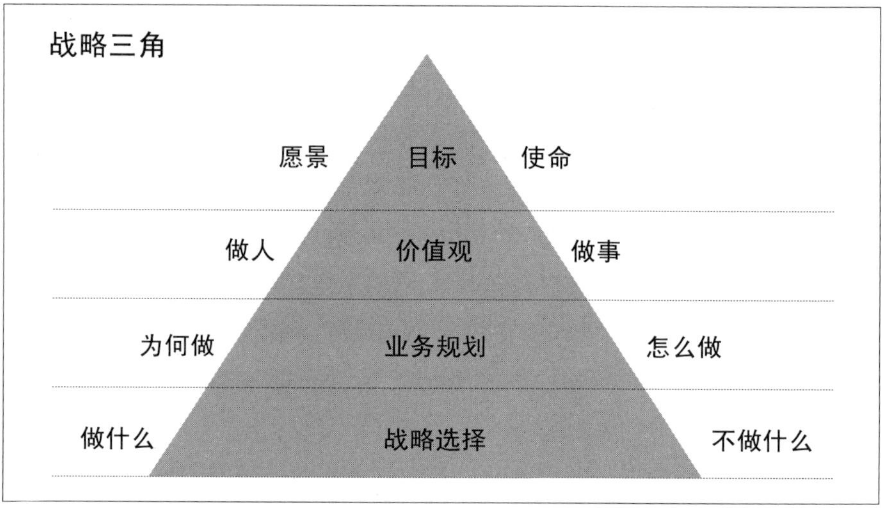


## 第一节 战略选择

第一层为战略选择，解决的是做什么和不做什么的问题。

选择永远是第一位的，甚至选择比努力还要重要。很多人总是后悔："我当年要做那个事，我肯定早就成功了。"很多人谈起今天，都或多或少对过去有后悔的地方。其实，这跟自己的选择有很大的关系，你现在所拥有的一切结果都是因为曾经的选择。

在家居建材行业中，我的身边就有因为战略选择不同而结果大不相同的鲜活案例。下面请跟我一起来看看。

总裁班有一个学员，每次都报名来学习。在杭州刚讲完课，这个学员找到我很高兴地说："张老师，我要向你汇报成绩，壁纸做到全国第一，橱柜已经做到前五名，窗帘也做到了前三名。"

两年前，他代理了一个顶级橱柜品牌，也代理壁纸、窗帘，同时，他自己生产橱柜。在刚开始上我的课程的时候，他的四个品牌都在进行，感觉比较痛苦和有压力。之所以痛苦，就是因为他做的品牌太多了，听了课程之后，他学会了战略梳理，砍掉了一个年净利润一百万的橱柜，把其他的做到顶级，他的利润翻了两番。

战略的选择，就是我要做什么，我不做什么。其实，就是根据公司情况进行评估，然后做加减法。

一般情况下，小公司做到大，都要经历四个阶段：

第一，生存阶段。一年做三五百万，这个阶段是老板赚钱养员工，老板和员工一样要付出，老板养员工也不要抱怨。

第二，发展阶段。过了生存阶段，一年达到一两千万的时候，这个阶段叫发展阶段。当你感觉越干越累时，是你放权的时候了。放权不是什么都放，而是在由生存阶段过渡到发展阶段的过程中，逐渐把权力下放。

第三，壮大阶段。当你一年做到5000万、8000万、1个亿的时候，是第三阶段，叫壮大阶段。很多老板说生意做大了觉得痛苦，为什么？因为你用5000万的思维管理做1个亿的生意。当公司壮大的时候，你应该求变。阿里巴巴的马云，在企业文化中明确提出了四个字：拥抱变化。为什么？因为行业发展越快，变化越大。老板有时候“变”是迫不得已，你不变，别人在变。

第四，成熟阶段。这个阶段相比较前三个阶段而言会稳定一些。公司的文化、管理、制度、机制等都已经非常成熟，老板和员工的日子好过一些。

当企业发展遇到阻碍时，老板需要作出战略变化，要让我们的代理商、品牌加盟商适应企业的变化。同时，员工和老板也要一起变。如果员工没有跟上企业战略变化，员工就有可能不能把老板的想法、做法执行下去。

老板和职业经理人之间最大的问题是什么？是思路的矛盾。老板说要这么干，职业经理人要那么干，当他们之间想法有冲突的时候，听谁的？听老板的。

因为员工犯错老板买单，所以我经常跟我的员工讲：“我说让你这么干，你就把它执行下去，一定听我的。我拍板之前，你可以给我建议，但是你建议完之后，你就得按照我的去做，如果你不按照我的去做，走人，哪怕我错了。因为是我给你买单，不是你给我买单。”这种思想一定要跟员工交流。如果不交流，你会发现你们不是站在一条战线上战斗，而是各干各的。那样哪有状态？

老板跟经理人之间、经理人跟店长之间、店长跟导购之间需要经常沟通。很多老板说，自己做完了决策，总是执行不了，大家总是行动不起来。很简单，问题出在沟通太少。很多老板认为，自己跟员工沟通一遍就够了。可是，说一遍他能吸收20%已经了不起，照这样说五遍才能记住。否则，他会把所有决策在执行的部分丢掉，丢掉，丢掉……最终他在帮你做减法。

所以，战略选择是第一要素。不同阶段怎么做战略选择呢？什么时候做加法，什么时候做减法呢？这是战略选择中一个非常重要的方法。

从SWOT到TOWS分析

**优势**：优势就是你目前企业最擅长的、最有力量的、最具战斗力的，比如团队优势、品牌优势、产品优势、服务优势等。“海底捞”

卖的是火锅吗？不，是服务，服务就是它的优势。每个优秀的企业都有自己的优势，那你的企业的优势是什么？马上写下来。一个老板如果都不知道自己企业的优势是什么，那就是在“混”。

**弱点**：明白了企业自身的优势，还要弄清楚自身的弱点。只有了解了自己，才能做到有的放矢。

**机会**：是谁给你机会了？是对手。如果对手的服务做得不好，就留给你服务机会；如果对手的产品不好，就留给你产品机会。大家都知道，苹果手机出来之前，全中国乃至全世界最牛的三个品牌是诺基亚、三星、摩托罗拉，而乔布斯找出了产品不够智能的缺点，然后苹果克服这个困难，就胜利了。

**威胁**：企业在找机会的同时，还要认清外部对自己的威胁，努力避免之。

既然要做战略选择，就要先找到自己的优势，然后找到自己的机会（对手没有的机会），自己的优势和对手给你留下来的机会，这就叫突破点。自己的弱点和对手对自己的威胁，这就叫危机。

找到突破点后，就要弄清楚你的企业未来干什么，不干什么；哪块要干，哪块不干；哪块要增加人手，哪块要减少人手；哪块要重金投入，哪块要撤资；要多开店还是少开店，开大店还是开小店；做渠道还是做终端，做促销还是不做促销。

优势和机会这一块做加法，投钱投人投资源；弱点和对方的威胁做减法，这一块该撤就撤。要争取，也要放弃，加法是战略，减法也是战略。国民党打延安的时候，很多人说誓死保卫延安，毛主席说放弃，不要坚持，延安不要了。撤离的时候很多人哭，只有毛主席，一边走一边笑着说，今天的撤退，是为了明天的胜利。

所以，战略选择非常重要，大多数老板请员工过来只用员工的手和脚，没用员工的脑。

## 第二节 业务规划

第二层为业务规划，解决的是为何做和怎么做的问题。

北斗七星方案，这是我研究课程开发10年以来最骄傲的一块，它分七个点来思考，每个点怎么去做，怎么突破，而且每个点下面都有要素，能有效帮助老板做规划。

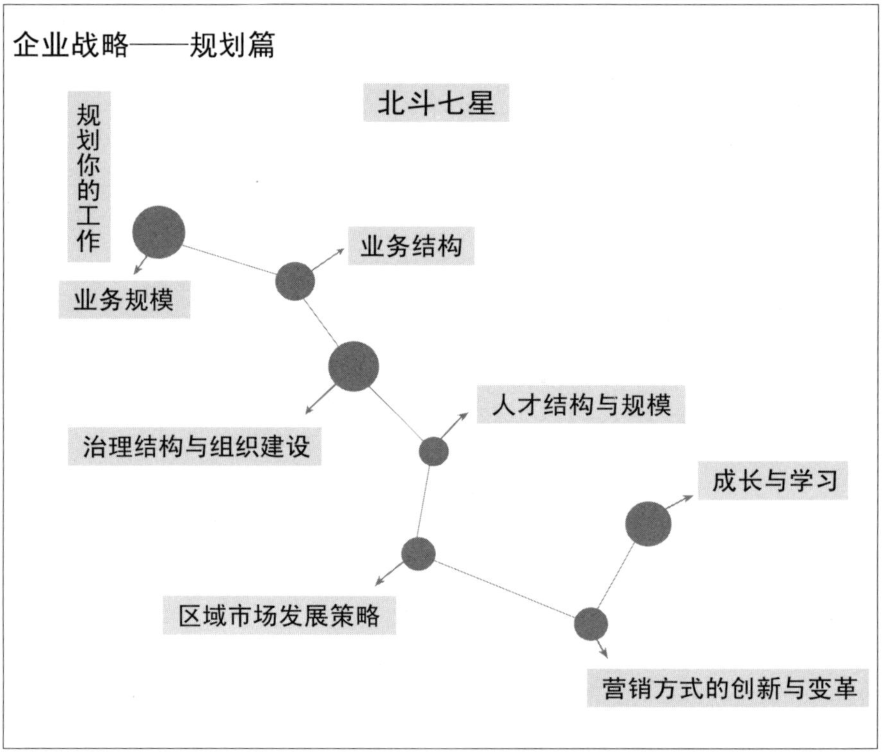


北斗七星方案，顾名思义，从七个点位去思考。

第一个点，叫业务规模，就是企业要做多大。

第二个点，叫业务结构。对企业来讲，要有自己的业务结构。业务结构分单品牌运作还是双品牌运作，用加减法、优势加机会来判断。如果你品牌好、服务好、营销好，就可以多元，也可以跨区域。结构调整分两个方面，一个叫横向，一个叫纵向，即宽度和深度的问题。

业务规模和业务结构是业务规划的两个最重要的部分，这属于目标和方向。要想达成你的业务规模，优化你的业务结构，就必须从下面的五个点入手，支撑住这两点。

第三个点，叫治理结构与组织建设。治理结构包括股东、董事、董事长和总经理。股东，指合伙人；董事，指企业里能给你出主意的人；董事长的任务是做明天的事；总经理的任务是做今天的事。

我遇到过这样一个老板，他发现自己在零售方面有很多问题。前年他零售领域做了两千多万，非常好，但是他发现零售已经开始萎缩。于是，他开始自己做工程、家装、小区推广，由于他不会干，做这三块特别累，花了钱又没有效果，他感觉很痛苦。他说零售这块，如果这样下去，今年可能只有1200万。

他问："怎么才能把它扭转过来？"他是零售出身，他这方面一直做得特别好。

我问："你对零售理解是不是很深刻？"

他说："是。"

我接着问："你想不想在治理结构上作些调整？"

他说："想。"

虽然他不懂工程，不懂家装，不懂小区推广，但是他是可以引进合伙人。他零售做得特别好，那么可以和家装做得好的人联合起来，两个人1+1＞2嘛。如果一个零售强，另一个零售也强，两个人结合起来反而没什么效果。

治理结构是宏观的，而组织建设是微观的。比如，为什么他市场做不好？那是因为组织建设中没有市场部，没有策划部；为什么400平米的店，有的能做出5000万？因为人家是行销，不仅仅是坐销；为什么有的能把店做到很大规模？其实很简单，那是因为他既打阵地战，又打运动战。阵地战是导购在店里守，运动战是人员在外面跑。

一个品牌在一个县级市、一个地级市、一个省会城市，之所以没有做到口碑相传，是因为宣传出了问题。如果宣传没有做到位，是运动战出了问题；如果销售没上来，是阵地战出了问题。

山西有一个橱柜企业，老板说感觉很乱，自己也很累，问我该怎么解决。

他做定制化产品，我看了他的组织结构，发现店长什么都管，要管店面、导购、销售，还要管安装、售后等，等于他店里所有的事都让店长一个人处理了。我跟他开玩笑说，他这店长是总经理。我让他把组织结构拆散，店长专门管店面的销售，客户的管理；售后和安装由另外一个部门完成；处理投诉和服务方面的问题，由第三个部门完成。这样，组织结构就变得清晰多了，然后发现销售、安装和服务各个环节都做得好。

第四个点，叫人才结构与规模。比如管理500人直销团队需要什么人才结构？我认为只要3个高管就够，其余的497个人全是直销人员，这个人才结构模型就是3个脑袋加497双腿；比如顾问公司需要高学历的硕士生、博士生来做思路，写方案；比如海底捞的服务员学历可以不高，但要腿快，要会微笑，能吃苦，不怕累。人才结构一定不能错位，一错位就不合适了。

第五个点，叫区域市场发展策略，就是区域市场该如何做的问题。把店做大是一种策略，当年陶瓷行业某品牌，提出要干至尊店，是区域市场策略。而有的则把大店化整为零，干小店，多开店，蚂蚁吞大象，也是区域市场策略。

在此，我主要谈谈第六个点，叫营销方式的创新与变革。营销方式的创新与变革主要包含零售创新、渠道创新、促销创新、服务创新等。渠道创新，家居建材行业的渠道有零售、工程、家装、团购、网络等。在东南亚，像马来西亚有很多公司，卖家居建材的，根本不在建材市场卖，而是在百货商场里卖。顾客来百货商场买衣服，顺便就会看看陶瓷店、卫浴店等家居建材店，有可能顺便会买些东西。把家居建材店开到了商场里，就是渠道创新。做完营销创新与变革后，你会发现销售业绩会与以前大不一样。

第七个点，叫成长与学习。每个人的成长都是要付出代价的。如果员工没有成长，就会天天在那熬时间，效率低下，最终导致工作无效果。因此，老板要给自己的高层、中层、基层制定全年学习计划。作为老板，你制定了吗？

前段时间我有个同乡过来了，他的商场在当地开到第二，他说他们那个小地方根本没有几个人学习。

他说："我为什么发展快？就是因为这么多年我一直在学习，并让自己的团队也学习。"

他还说："我要对他们负责呀！"他有一个七八十人的团队，他给每个人制定学习计划，个人成长促进团队成长，团队成长带动个人成长，整个团队进入了良性循环。

招聘的时候，他给的工资跟别家给的一样，但是就因为他说能给员工制定全年学习成长计划，应聘者信誓旦旦地说就是别家给更高的工资也不去，就愿意留在他那，因为学习和成长更重要。

2007年我给某个知名家具品牌做服务的时候，其老总的一段话令我至今印象深刻。

我刚培训完，那位老总第一个跳到台上，他说："我们这个品牌在北京有26家店，我不懂销售，就懂生产家具，我自己不懂没关系，我把中国最会讲课、最有经验的老师请过来给大家讲销售，我就会干这个。"话音未落，200多名导购店长报以热烈的掌声。为什么呢？因为团队学习与成长使他们的品牌已经从4个亿做到10个亿了。

## >>> 第三节 价值观

第三层为价值观，解决的是做人和做事的问题。

所谓价值观，就是一个人对周围的客观事物的意义、重要性的总的评价和看法。简单地说，就是做人做事的道理。

我们提倡的是，先做人，后做事。三人行，必有我师，“做人”跟随人的一生，“做事”伴随人的一段，只有“人”做好了，才能做好“事”。现代管理的最高境界是：让员工“自主、自愿、自发”。

价值观是战略实施的关键，企业价值观的优劣关系着企业战略的质量高低。企业价值观的认同是否一致，关系企业的发展与提升。因此，企业价值观是企业战略的根本所在。

企业要用共同价值观这条精神纽带团结所有的员工，使这条纽带具有导向、约束、凝聚、激励及辐射作用，从而激发全体员工的热情，统一企业成员的意志，齐心协力地为实现企业战略目标而努力。

我们的学员中有一个做窗帘品牌的老总，他企业的核心价值观令我深深折服。

这个窗帘品牌老总的核心价值观就是，共同经营创造更大价值，分享快乐和幸福，并以此和员工们共勉和进步。

不论哪个岗位都应有提升质量、提高服务、改进创新、节俭降耗的权力和责任。例如，关掉不用的电源、捡起地上的铅块或机针、关掉流水的水龙头，对不良行为的教导指正、对新员工的帮助、对上司的尊重、流程的改革或机制的创新等，都是共同经营的最好体现。我们绝大部分人只要有共同经营的意识，久而久之就会产生我们想象不到的价值，就会产生“大河有水小河满”“大家发展小家幸福”的成果。在自己生活水平提高的基础上，孝敬父母、关爱他人、帮助他人，让更多的人分享快乐和幸福。

## >>> 第四节 目标

第四层为目标，解决的是愿景和使命的问题。

从广义上看，企业战略目标是企业战略构成的基本内容，是企业在实现其使命过程中所追求的长期结果，是在一些最重要的领域对企业使命的进一步具体化。比如竞争地位、业绩水平、发展速度等。与企业使命不同的是，战略目标要有具体的数量特征和时间界限，一般为 3~5 年或更长。

战略目标可以将愿景与使命变成现实。那么，优秀的企业是如何制定战略目标的呢？

我们或许可以从两家行业巨头的未来战略目标中得到启发：10年内赶超沃尔玛，为实现这一目标，家乐福总部制定了未来几年的全球战略部署。诺基亚（中国）的战略目标是追求这个巨大的市场中的高份额和生产加工环境下的低成本。

战略目标具有宏观性、长期性、相对稳定性、全面性、可检验性、挑战性等，其制定和内容都有一定的特点。

### 一、战略目标的内容

企业的战略目标是多元化的，尽管如此，但各个企业需要制定的战略目标的领域却是相同的，因为企业的生存都取决于一些同样的因素。

企业的战略目标为今后3~5年的发展目标，包括以下几个方面：(1)赢利能力；(2)市场；(3)生产率；(4)产品；(5)资金；(6)生产；(7)研究与开发；(8)组织；（9）人力资源；（10）社会责任。

一个企业并不一定在以上所有领域都规定目标，并且战略目标也并不局限于以上十个方面。

### 二、战略目标的制定

一般来说，确定战略目标需要经历调查研究、拟定目标、评价论证和目标决断这样四个具体步骤。

作为家居建材企业的老板，你应该考虑企业现在在哪方面还比较欠缺。是战略选择没做，还是业务规划没做，还是价值观没统一，还是目标没完善？哪方面没做就从哪方面着手，进而完善自己的企业。

# 第二章 企业文化

## >>> 第一节 企业文化的定义

企业文化由价值观、使命和愿景这三部分构成，企业文化是战略的最高层面。

企业价值观，简而言之就是企业决策者对企业性质、目标、经营方式的取向所作出的选择，是为员工所接受的共同观念。比如，阿里巴巴六个核心价值观："客户第一、团队合作、拥抱变化、诚信、激情、敬业"。

企业价值观是长期积淀的产物，而不是突然产生的；企业价值观是有意识培育的结果，而不是自发产生的。

所谓企业使命，是指企业在社会经济发展中所应担当的角色和责任。有许多知名企业都给自己定下了明确的企业使命：

麦当劳的企业使命:我们不是在卖汉堡，而是致力于为人们提供美好的生活。

华为的企业使命：聚焦客户关注的挑战和压力，提供有竞争力的通信与信息解决方案和服务，保持为客户创造最大价值。

大自然地板的企业使命：担环保责任，普健康生活。

而我们家居建材企业的使命，就是全力以赴为客户美化家居环境，提供优质的产品与服务。比如××公司的使命：为客户创造价值，为同仁搭建平台，为股东带来收益，为社会做出贡献。

所谓愿景，由企业内部的成员所定制，经团队讨论，获得所有成员的共识，形成大家愿意全力以赴的未来方向。比如，成为专业、有责任感、受人尊敬的企业是众多家居建材企业共同的愿景。

愿景一般包含企业、员工、客户、团队、产品等元素。例如，我的愿景就是：

·有一天，和君智业的名字一被提起来就引来尊重的目光；

·有一天，和君智业员工像麦肯锡一样成为职业化的象征；

·有一天，每个高级顾问的名字是这个行业最高水平的代表；

·有一天，中国家居建材所有的公司都邀请和君智业为其提供培训咨询服务；

·有一天,我可以悄然退下，而站起的是无数新兴力量；

·我希望员工像我一样努力，我已经为企业的目标奋斗了10年；

·我希望员工像我一样勤奋,因为我今天所仅有的一点成绩完全来自勤奋；

·我希望员工超越我,因为如果我再活一次,我还能比今天更努力、更勤奋；

·这就是我送给全公司的新年主题词:成就共同的梦想,分享彼此的成就。

## 第二节 打造优秀企业文化

有这么个说法：企业一年获利靠机遇，企业三年不败靠领导，企业五年成功靠制度，企业十年发展靠文化。可见文化对于企业的重要性。良好的企业文化就是企业发展的命脉，也是留住优秀员工的“根”。

卢总在一个小县城里做家居建材生意，有一次他带了七八个老板来听我的课，让我帮他们解决一些问题。我问：大家的问题是什么？卢总说，第一招不来人，第二人招来没干几天又跑了。他说我们现在卖货，积累了很多经验，这个不难；但难的是我们想要的人不来，不想要的人又不走。七八个人异口同声地说："张老师，就这个问题。"我当时跟他们讲了这样一句话："铁打的衙门不怕流水的兵"。

其实现在很多老板做生意，最怕的就是铁打的衙门流水的兵。而我告诉他们的是：铁打的衙门不怕流水的兵。

为什么？因为优秀的企业文化能把员工凝聚在一起。如果老板做好了企业文化，你的员工是跑不掉的。甚至你撵他，他都不愿意走。

每个企业都有自己的文化，但如何拥有优秀的企业文化？这是一个值得思考的问题。我们先一起来看看海底捞是如何打造它的企业文化的。

凡是去过海底捞的人，都会用同一句话赞叹——服务太好了！

海底捞在每个门店都设有面积不小的等候区，除了舒适的沙发和桌椅，还提供擦鞋、美甲、上网等免费服务，另外，海底捞还免费提供代客泊车等服务，因此每个门店的服务人员数量比同规模的其他火锅店多近1／3。

海底捞的后台生产也十分到位。海底捞的配送中心，有一整套现代化的清洗、加工、检验、冷藏或冷冻设备，通过标准化的生产链条，每天向各家分店输送菜品。

除了配送中心，海底捞在门店也配置了各种现代化设备，最大程度地减少了员工的工作量。目的只有一个，就是使员工有更多的精力去为客户服务。

另外，店长不需要对门店的营业额负责，而是只考核顾客满意度与员工满意度，普通员工都有给客户的免单权……

海底捞给员工以优厚的福利待遇。员工住在24小时空调和热水、可宽带上网的公寓，基本每天饭桌上都会有一两道可口的荤菜，周末供应水果，并在晚9点提供面条和酸奶作为夜宵；如果生病了，不用担心，会有宿舍管理员照顾，同事们会带来饭菜，领导还会来看望；小孩可以免费上公司在四川简阳办的私人学校。海底捞还想到了员工的父母，优秀员工的一部分奖金，每月由公司直接寄给在家乡的父母。

以人为本，服务至上，让客户满意，这就是海底捞的企业文化。

经营企业就是经营人心，在企业里，老板要想成功，最重要的就是聚拢和企业核心价值观保持一致的员工。

在冯仑的《理想丰满》一书里，有句话令我至今印象深刻："我创业20多年以来，从海南一路杀到北京，当我回首一看的时候，跟我走到今天的，不是那些很有能力的人，而是那些价值观跟我相同的人。"有能力的人可以阶段性使用，可是和企业一条心的员工能在企业为难时挺身而出。

优秀企业文化能培养员工一致的价值观，用价值观来规范和激发团队的一致行为，从而带来团队高绩效。

我们再一起来看看海尔的企业文化。

海尔企业文化的核心是创新，它以观念创新为先导、以战略创新为方向、以组织创新为保障、以技术创新为手段、以市场创新为目标。这种企业文化伴随着海尔从无到有、从小到大、从大到强、从中国走向世界，其本身也在不断创新、发展。

1998年3月25日，在美国哈佛商学院内，工商管理硕士二年级学生正欣喜万分地迎接一位陌生的老师——来自中国的企业家海尔集团首席执行官张瑞敏。

"请大家想想看，1984年张瑞敏先生面临的严重挑战是什么？"

林·佩恩教授循循善诱地向大家提出一个又一个问题。

呈马蹄形排列的座位上立即举起一片手臂，大家迫不及待地想表述自己的想法。其中有拉美人、日本人，更多的是美国人。

教授不断提问，把讨论逐渐引向深入。“海尔具有每年增长80%的速度，成为家电发展最快的企业，大家认为什么是影响海尔成功的因素？你若是张先生，又如何做出决策？海尔管理为什么是有效的？一条‘休克鱼’为什么能被海尔文化激活？为什么研究企业文化就是研究活力？”学员们各自发表着看法。

一位美国的学生说：“从张先生的讲课中，我第一次了解到了中国企业成功的管理！”

张瑞敏是走上哈佛讲坛的第一位中国企业家，以海尔的卓著业绩和精辟经营理念让世界认识了海尔文化。这一事件在中国企业管理史上具有重要历史意义，它说明，中国企业只要创新，同样也可以在企业管理方面为世界做出贡献。

海尔企业精神经历了三个10年，也经历了三次创新：

第一个10年，海尔精神：无私奉献，追求卓越；创业，创出中国第一名牌。

第二个10年，海尔精神：敬业报国，追求卓越；创新，走出国门，创国际化企业。

第三个10年，海尔精神：创造资源，美誉全球；创造资源，实施全球化品牌战略。

海尔企业精神的“创新”之路，就是海尔的品牌之路。“创新”的价值观是海尔文化的核心。

那么，对于家居建材企业的老板而言，在这大变革、充满不确定性的时代，如何确定组织的文化核心，对此，有不少企业进行了成功的探索，比如科勒的企业文化体现在产品的广告词上，“炊烟袅袅的时候，生活从厨房开始”、“水从这里流过，一起流过的还有时间”。无处不在的艺术文化气息，让科勒“以品质诗化你的生活”深入人心。又比如，三棵树涂料漆以“创造健康生活”为企业使命，奉行“诚信、责任、学习、执行、卓越”的核心价值观，倡导“源于社会，归于社会”的共享理念，铸就深厚独特的企业文化，形成了全面完整的文化体系，将企业文化置于与产品和服务质量同等重要的地位。

对当下的家居建材企业而言，企业文化的建设要着眼的是企业5年、10年乃至更长远的未来，虽然不能立即带来利润，但可能带来长久的持续；虽然可能带来短期困扰，却是决胜于未来的关键。

# 第三章 人才的选、用、育、留

在探讨企业人才的问题前，请大家与我分享下面这个小故事。

刘邦打败了项羽，统一了天下，建立了大汉江山，非常高兴。一天，他大宴群臣，在宴会上，他乘着酒兴，问群臣："你们知道我为什么能够夺取天下，而项羽那么多军队却失去了天下吗？"众大臣七嘴八舌，有的说："您治军严厉，甚至苛刻；项羽太讲仁义了。"有的说："您最大的特点，是有功者赏，有罪者罚；而项羽嫉贤妒能，有功者害之，贤能者疑之。这就是您得天下而项羽失天下的原因。"刘邦笑了，说："你们只知其一，不知其二。我之所以能夺取天下，主要是因为我善于识人用人。要说运筹帷幄之中，决胜千里之外，我不如张良；管理国家，安抚百姓，做好军队的后勤保障工作，我不如萧何；统率百万之众，战必胜，攻必取，我不如韩信。这三个人是人中之杰，我能大胆地使用他们；而项羽有一个范增却不能用，这就是我能夺取天下，而项羽失去天下的原因啊。"

刘邦是个没多少文化的市井之人，但他精通识人用人之术，最后夺取了天下。项羽出身于官宦之家，知书达礼，武艺高强，但他不会识人用人，最后以失败收场。历史教训值得我们深思。

从古至今，无论是治国还是治企，得人才者得天下，失人才者失天下，这是任何人都无法改变的真理。选才、用才、育才、留才都是关乎事业成败的环节。那么作为老板，如何来选人、用人、育人、留人呢？

## 第一节 选人

首先，企业应该把好选人关。海尔集团提出了“选人时如同选钻石”这样的观点，足可见选人的重要性。

在实践中，选人需要把握两方面的内容：一是要注意把握“德才兼备，以德为先”的原则。例如，摩托罗拉渴望招到“德才双馨”的人才。德指的是个人品行和职业道德，才指的是专业技能。二是要注意把握“综合全面识别”的原则。在人才的选用上，虽不求全责备，但要拓宽选人用人的视野，这样有利于合理选用人才。

因背景、学历、经历等不同，大家都性格各异，不过，大致可分为四种类型。

**第一种：活泼者**

※　表象与社交

快乐、引人注意、大声、表面、马虎、无条理、好动、迟到、数字不敏感、多朋友、健忘、需要认同、先张嘴后思考、喜道歉、热情、插嘴、好赞美、夸张、新鲜感、故事大王、舞台高手……

※　情感与身心

生活在今天、心宽体胖、天真、长不大的孩子、沾火就着、不记仇、积极向上、感染力、活力、感性、艺术爱好者、外向情感、享乐型……

对自己无所谓，对他人也无所谓。

**第二种：完美者**

※ 表象与社交

严肃、得体、礼貌、矛盾、紧张、怕别人不在意又怕别人太在意、怀疑、敏感、交友慎重、忠诚、先思考后发言、分析、深刻、难赞美、有条理、整洁、节省、规律……

※ 情感与身心

分析型、生活在自己的内心感受里、消极、忧虑、消瘦、习惯计划、难以行动、高标准、认真、杰出的专业人士、理性……

对自己要求严格，对他人也要求严格。

**第三种：力量者**

※ 表象与社交

自信、坚定、权威、快捷、天生领导、忽视人际、与工作无关的社交是浪费时间、实际、控制、直率、好争论、坚持己见、不道歉、好斗、义气……

※ 情感与身心

工作型、生活在目标中、难放松、一病便是大病、注重方向、烦躁、性急、强调价值观、轻细节、有主见、行动力强、主动创造、执着、愈挫愈勇、艺术性差、情感弱……

对别人要求严格，对自己无所谓。

**第四种：和平者**

※ 表象与社交

和平、休闲、缓慢、不愿引人注意、安静、稳定、善良、无侵害、朋友多、聆听者、机智、幽默、能不开口尽量不开口、旁观、调节矛盾、避免冲突、刻意和谐、难以决定、面面俱到、和事佬、好领导……

※　情感与身心

自律、自制、实践、平静、满足、感受深刻敏锐、不忸怩、情绪稳定、温和、乐观、让人安心、支持别人、有耐性、好脾气、不自夸、真好人……

对别人不要求，对自己不苛求。

**一、选人破局之一：第一看性格，第二看能力！**

行销类（工程、分销、小区等）性格特质：

较好：力量\活泼

较差：完美\和平

坐销类（店面导购）性格特质：

较好：活泼\和平

较差：力量\完美

一线售后服务（物流等）性格特质：

较好：和平\完美

较差：力量\活泼

财务、出纳、库管等性格特质：

较好：完美\力量

较差：活泼\和平

一线管理者性格特质：

较好：力量\完美

较差：和平\活泼

### 二、选人破局之二：　性格搭配，以和为贵！

企业在选用人才时，尽量选择性格各异的人，并且还要考虑人数比例、团队组合等因素，做到以和为贵。

## >>> 第二节 用人+育人

管理者最大的本事就是知人善任。

管理者的任务之一，就是培养下属，把下属培养成人才。每个员工的绩效提高了，那么团队的绩效也就上来了。

### 一、管理者为什么会成为员工成长的杀手？

※错误一：事必躬亲

表现：凡事喜欢自己跳出来，亲自解决问题。

分析原因：

1.　角色没有转换，个人英雄主义。

2.　对员工的能力缺乏应有的信任。

3.　害怕对员工的过失担责任。

结果：员工缺乏锻炼机会，应对和处理问题的能力差。

忠告建议:做自己应该做的事，不可隔山打牛！

※错误二：马放南山

表现：对员工的成长不闻不问。

分析原因：认为员工的成长和自己没有关系，找来就是干活的。

结果：员工没有学习成长。

忠告建议：对员工强化训练，并做一些搭桥铺路性质的工作。

※错误三：不能容忍员工犯错

表现：失败一次，永不录用。

分析原因：对员工有偏见。

结果：打消下属的积极性；下属对上司形成依赖。

忠告建议：不以“一事之成败论英雄”。

曾有人说，柳传志是幕后的灵魂，而杨元庆是台前的主角，两人天衣无缝的配合，才有了今天的联想。

2001年4月，37岁的杨元庆正式出任联想集团总裁兼CEO。自从杨元庆接任后，联想PC的市场表现并不是很好。2003年联想在国内PC市场的占有率从30%下降为28%，而到了2004年第一季度，更是跌到了24%。而根据以往经验，只有达到25%以上的市场占有率才能领军整个PC市场。

此外，在杨元庆新拓展的领域，成绩也不尽如人意。2001年，杨元庆花费了大量的资金建立FM365网站，经历了几个月之后，便宣布裁员，这也是联想第一次大规模地裁减本土员工。不久，FM365网站关闭。

面对这样的结果，杨元庆有些自责，于是他曾自降一半薪资。但是柳传志从未在外说过一句否定杨元庆的话，他从来都是以赞扬的姿态来评价杨元庆：“联想交班交得好。杨元庆有闯劲。我习惯于踩20步再跑，杨元庆是踩5步就跑。其实，把路踩得过实也是危险。他的部署和运作还是很有感触，有眼光。”

杨元庆犯了许多错误，有些曾导致联想的战略方向偏差，但是在柳传志眼里，他能容忍杨元庆的错误，因为在他看来，这是任何一个成长为优秀领导者必然经历的过程。

杨元庆曾说：“我在这段时间学到的东西，比过去十几年里学到的东西加在一起都要多。什么东西能做，什么东西不能做，什么东西虽然很好但是不能现在做，现在已经学会把它分清楚了。”

杨元庆刚接管联想时犯了不少的错，可柳传志却并没有打击他，而是不断鼓励他。这样能够容忍下属犯错的领导能带出一个好企业吗？

## 二、管理者如何把“菜鸟”培养成“雄鹰”？

※方法一：派任务

1．任务交代清楚；

2．确认资源和能力；

3．建立激励机制。

※方法二：处理下属求助

对于员工在工作过程中遇到的各种问题，或者是他不知道该怎么做，或者你发现他做得并不好，管理者一定要克制住亲自去做的冲动。

比尔翁肯曾提出一个有趣的理论——“背上的猴子”。他所谓的“猴子”，是指“下一个动作”。

你是否遇到过这样的情形：在走道上碰到一位部属，他说：“我能不能和您谈一谈？我碰到了一个问题。”

于是你便站在走道上专心听他细述问题的来龙去脉，一站便是半个小时，既耽搁了原先你要做的事，也发现所获得的信息并不足以作出任何决策。

于是你说：“我现在没时间和你讨论，让我考虑一下，回头再找你谈。你看呢？”

其实你也可以这样说：“你回去做两个方案！你觉得哪个是最好的？为什么？你应该从这儿个方面再考虑一下！”“好，很好，太棒了！”

身为管理者，如果你能让员工处理好他们自己的“猴子”， 他们就能真正管理好自己的工作，你也有足够的时间去做更重要的工作。这样才能让整个企业持续良好地运作起来。

※方法三：批评与表扬

1. 看对象；

2. 要有事实和细节；

3. 当面表扬，背后批评。

综合上述管理方法，企业管理者培养员工不外乎以下几点：第一，让帅才们逐渐参与决策，参与管理，以在价值观、思想方法甚至工作技巧等诸多方面求得一致，同时，要求他们不能当被动式接受、传递的齿轮，而是要当主动思考、创造执行的发动机，可以指导，但绝不代替他们自己。第二，先把责任和权利说清楚，然后放手给他们机会和舞台，让他们在工作中锻炼成长。这样做的好处是：一、可以群策群力，企业能避免大的决策失误和经营震荡；二、帅才们有职有权，积极性能够调动起来；三、他们独挡一面之后，管理者也能腾出时间和经理思考一些关于公司发展的更重大、更长远的问题。

## 第三节 留人

### 一、拿什么留住人才？

有人调侃说，现在的员工最关心的就是挣钱和发展。这对于处于激烈人才竞争中的公司和承担着公司选、用、育、留人才的人力资源部门来讲，留住优秀的人才这项工作并不轻松。那老板拿什么才能留住人才呢？

我提出来的观点是：愿景留人、机制留人、文化留人。在此，我主要讲一下机制留人。

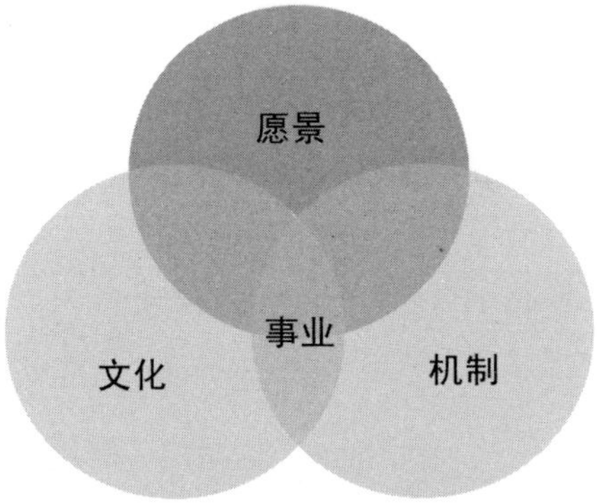


所有老板都希望员工在见到顾客的时候微笑，甚至还在员工的胸前放上微笑牌。沃尔玛公司总裁兼首席执行官李·斯科特就实现了这一点，并且在全球实现！在任何一家沃尔玛超市，都会有彬彬有礼的迎宾员对顾客报以微笑和友好的问候；沃尔玛的员工不会被称为“雇员”，而是被称为“同事”；每天营业之前，员工们都要高唱“沃尔玛之歌”。

这就是机制。

机制是公司制度、规则、流程、标准的总和，包括管理工具。它能保证客户获得满意的结果，保证企业的生存与对员工的成长负责。机制的本质在于能遏制人性的弱点，弘扬人性的优点。

## 二、帮老板要到结果的机制

㈠ 5K目标执行系统

5K运营口诀如下图：K1：结果要清楚；K2：方法要明确；K3:过程要检查；K4:奖惩要及时；K5:改进最重要。

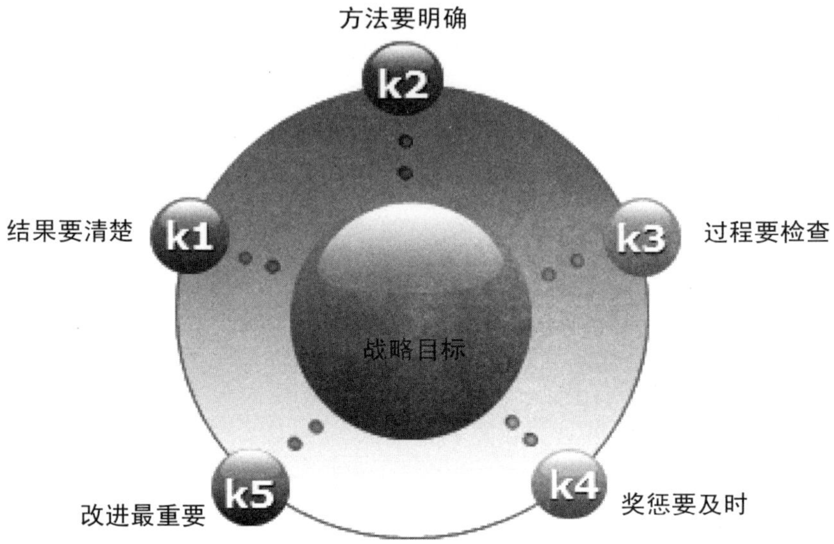


**具体内容有：**

⑴ 任务是什么？——“三事”

①完成差事：领导要办的都办了。

②例行公事：该走的程序都走了。

③应付了事：差不多就行了。

对程序负责、对形式负责、对苦劳负责，就是不对结果负责。这是不对的！

⑵ 结果是什么？——“三有”

①有时间：最后的期限。

②有价值：是客户要的。

③可考核：看得见，摸得到。

结果是客户认可的，不是你自己想做的！

⑶ 这样的结果就事论事、不可取

①客户已经拜访过了。

②客户已经收到货了。

③我已经向客户催过款了。

④项目进展得很顺利。

⑤员工培训做完了，大家挺满意的

任务是没有价值的，　结果才有价值！

(4) 作业：结果训练

① 总裁：请您写出下周需要交代给下属的一个结果。

② 高管：请您写出下周需要提交给上级的一个结果。

(二) 5K实践管理工具

如果出现“光靠嘴说不解决问题”该怎么办？如何让月会变成目标执行会？

我们需要一张表，　一个COO（Chief Operating Officer），　一个质询会！

一个工具：月报、月计划表；月计划、月报解释。

K1结果：

职责：我负责什么；

结果定义：为关键绩效我做出些什么结果。

K2方法：

过程结果：为最终结果达成，必须有过程结果，结果分解是有方法的表现。

流程支持：结果如何分解，可以靠流程解决。

K3检查：

以COO为核心的检查系统，检查是管理的核心。

K4奖罚：

水果基金：即时奖罚，让员工进入状态。

得分评比，即绩效的客观评价：结果好坏有客观评价。

K5改进复制：

改进措施：改进会上提高个人能力。

重新定义：承诺的勇气与执行循环。

1．一个COO

⑴职责描述：COO是5K绩效管理的首席运营官，主要职责是作为独立第三方对执行的结果情况进行检查、监督，COO有依照制度与承诺进行检查监督权，裁决、奖罚与纠正的权力，但没有发布任何命令的权力。

⑵向公司总裁直接汇报。

⑶岗位职责：

①公司月计划、月结果汇报的汇总、初步检查、执行过程监督与执行结果的统计、公布。

②根据公司领导的指令，对结果的过程与完成情况，进行跟踪检查，汇总公布检查结果。

③组织召开公司月结果质询会，根据会议结果和总裁指令，汇总、公布月计划的改进措施并监督执行。

④组织召开公司月度、季度、年度质询会议，协助总裁总结执行情况，提炼适合公司的执行方法与运营模式，供公司推广使用。

2．一个质询会

⑴质询会：就是把员工的计划和执行结果放到会议上以质询的方式检查与监督。

⑵质询会与一般工作例会的不同：

①它是总结会，相当于国家机关审计署，制定出工作月报。

②它是计划会，相当于国家机关发改委，制定出工作月计划。

③它是监督会，相当于国家检察院，起到质询的作用。

(3)质询会的意义：

①结果定义清楚，聚焦结果，不跑题；

②公开质询，无私下沟通，部门配合问题现场解决；

③公开承诺，自我承诺，无情绪化。

(4)质询会的流程：

月质询会的流程：

①事前：提交月报、月计划，总裁及上级审查；

②事中：COO主持，质询结果，作出评价；

③事后：改进措施，提高能力，承诺新结果。

具体流程：

①COO宣布月计划汇报开始；

②COO宣布汇报人名单及汇报顺序；

③按小组顺序，每位汇报人（部门经理和指定的汇报人）做当月月计划汇报；

④总裁、COO、直接领导给予质询，其他部门对涉及到自己业务的部份给予质询；

⑤如果质询中有问题，汇报人要做好记录，当场做修改，COO检查。问题太大的，进入改进会；

⑥总裁做上月份工作总结和下月份工作安排报告；

⑦COO宣布质询会结束。

(5)质询要点：

对月计划：

①结果定义：确定其多少和对错；

②过程分解：不知措施的要告诉原则与方法，提供资源；

③重点结果是否清楚；

④奖罚承诺是不是强调重点。

对月报：

①对原因不清楚的要问清原因；

②对有疑问的，要求对方提供事实与数据；

③对月报、月计划作评价；

④重点结果，给予即时奖、罚；完成优秀的要特殊表扬；

⑤对计划与结果完成不好的，请相关部门或人员进入改进会，一般在第二天；

⑥对重大问题，现场不可能作出决策的，请COO记录并择期开专题会。

※对部门之间需要配合才能完成结果的要现场处理，各自承诺！鼓励部门经理以客户的名义向其他部门提出质询。

(6)质询原则：

①战略方向原则：月结果要为全年或阶段战略重点服务，不可偏离；

②总裁为主原则：以总裁为主，对执行人进行质询；

③相关质询原则：部门领导对他人质询，重点是与自己部门相关的结果，不相关的尽量不提；

④改进原则：目的是改进工作方法，提高工作业绩，不是追究责任；

⑤效率原则：只质询结果，不做业务研讨和过多的思想宣讲；

⑥控制原则：如果议题很大，或有争论，COO应当打断，作为新议题记录，然后通知召开专题工作会讨论；

⑦执行文化传播原则：质询会是机制，但也是执行文化的树立过程。

作业:月计划训练

①总裁作业：做一个下属下月计划

②高管作业：做一个自己下月计划

## 三、关于5K质询会大比武：薪酬管理与绩效考核

㈠薪酬管理：

薪酬设计原则：外部竞争性、内部公平性、对员工要有物质和精神上的奖励。

优秀的薪酬设计：招人才、留员工、激励员工。

薪酬设计常见问题：没有设计有竞争力的薪酬，非销售部门薪酬无激励性，薪酬没有向强者倾斜。

激励性 → 底薪+奖金

持续性 → 持续利润+客户满意度

敬业性 → 沟通+企业主人（干股、分红）+精神奖励

企业薪酬系统：

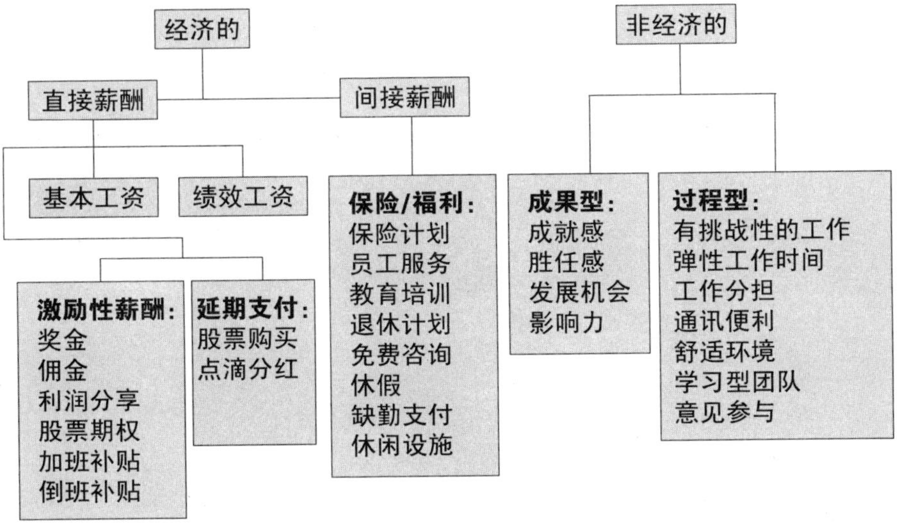

薪酬结构：

| 基本工资 | + 奖金 | + 福利 | + 津贴 | + 其他 |
|---|---|---|---|---|
| 固定工资<br>+<br>绩效工资 | 销售提成<br>项目奖<br>年终奖<br>年度总裁特别奖励<br>…… | 法定福利<br>特别福利：（培训、旅游、带薪假、贺礼、服装、过节、年金）<br>…… | 年功工资<br>职位津贴<br>技能津贴<br>…… | 干股<br>期权<br>股票<br>…… |

薪酬设计程序：

价值观→薪酬设计原则→组织保障→薪酬体系设计→薪酬结构设计→具体薪酬设计

公司业务职系薪酬体系：

第一年：业务员（底薪+提成）

第二年：高级业务员（底薪+提成+团队奖+出国游）

第三年：销售经理（底薪+提成+团队奖+年终奖+培训）

第四年：销售总监（底薪+团队奖+年终奖+总监待遇）

第五年：销售总经理（年薪+团队奖+年终奖+总经理待遇+股票期权）

薪酬管理制度制定好了，5K管理也到位了，为什么有的企业最终却没有得到想要的管理效果呢？问题有可能出在考核与员工的收益不挂钩。

㈡绩效考核：

如何将工作计划转入绩效考核：

①员工将计划目标填报上级主管，并注明每个目标结果的重要性排序；

②在质询会上质询，探讨其合理性；

③将计划结果中的重点结果（不高于5项），按重要性排序，纳入关键业绩指标（Key Performance Indication)绩效考核；

④其余计划，纳入固定考核项；

⑤最终考核数：KPI项+2项≤7项；

⑥按重要性确定各考核项的权重，权重加总为100分。

将工作计划转入绩效考核原则：

①考核有重点：针对重点业绩考核；

②总账不漏项：全部计划结果都纳入考核。

经营企业人才就是基石,人才就是栋梁，人才就是成功的保证。所以，企业要坚持实践“文化为根，人才为本”的理念，积极建设企业文化，造就人才。

# 第四章 团队

## 第一节 团队三角

团队是由员工和管理层组成的一个共同体，并合理利用每一个成员的知识和技能协同工作，解决问题，达到共同的目标。

那带团队到底带的是什么呢？其实，主要就是带心态、带思维、带行动。

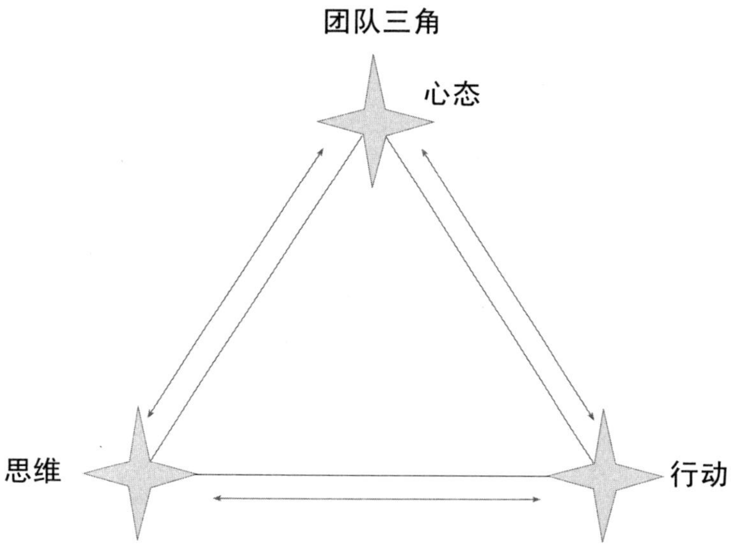

### 一、三种成功心态：相信之心、空杯之心、感恩之心

心态是人们对事物的看法和态度，不同的心态常常带来不同的人生结果。

正如美国石油大王洛克菲勒给儿子的信里提到的“天堂与地狱比邻”的比喻，在信中，他告诫自己的儿子：“如果你视工作为一种乐趣，人生就是天堂；如果你视工作为一种义务，人生就是地狱！”

> 感谢伤害你的人，因为他磨练了你的意志；
> 感谢欺骗你的人，因为他增进了你的见识；
> 感谢鞭打你的人，因为他清除了你的业障；
> 感谢遗弃你的人，因为他教导了你应自立；
> 感谢绊倒你的人，因为他强化了你的能力；
> 感谢斥责你的人，因为他助长了你的智慧；
> 感激所有使你坚定事业成就的人！

在一个团队中，当人人怀着感恩之心去感谢他人，当人人怀着空杯之心虚心向他人学习，当人人怀着相信之心坚定信念，我们的团队就一定会战无不胜攻无不克！

### 二、三种成功思维：绝不抱怨、绝不拖延、换位思考

广义的思维是指人脑对客观现实概括的和间接的反映，它反映的是事物的本质和事物之间规律性的联系。带团队不能没有正确的思维，而绝不抱怨、绝不拖延、换位思考都是团队成员必须具备的思维方式。

第一种：绝不抱怨。

一个团队中，一旦出现抱怨，将会严重影响到团队的士气，因为抱怨的情绪就像瘟疫，会传染一片。所以，老板在带团队的时候，如

果发现团队中有人抱怨，一定要及时采取措施消除这个不好的现象。

第二种：绝不拖延。

一个好的老板带团队，必须给团队紧迫感，必须科学管理时间。成功的人，都是把时间管理得非常好，非常清楚做事的先后顺序：先做重要又紧迫或重要不紧迫的事，后做紧迫不重要的事，不能因为紧迫的事，把重要的事给耽误了。

我们不能改变时间的长度，但是我们可以拓展时间和生命的宽度。把有限的时间管理好、充分利用好，养成绝不拖延的好习惯。

第三种：换位思考。

老板要学会站在员工的角度看问题，员工也要从老板的角度考虑问题，理解老板。如果员工不理解老板，老板不理解员工，双方没有进行有效的沟通。这样即使有好的政策，也很难执行下去。

### 三、尽快行动起来，保证完成任务，不找任何借口

无论干什么，如果只有空想，没有行动，那注定是失败的。带团队也是如此。

一种追求：做有价值的事情；
一种定位：别把自己当成打工仔，为自己打工；
一种认识：工作并非仅为薪水，工作本身就是一种奖赏；
一种心态：没有卑微的工作，只有卑微的生存状态；
一种原则：工作无小事；
一种意识：自动自发，想到就做；
一种承诺：竭尽全力；
一种责任：对结果负责；
一种习惯：无借口；
习惯决定命运。

带好团队的因素有很多，其中态度、思维和行动是关键。培养员

工具有良好的心态、正确的思维和超强的行动，显然是我们每一个企业需要做的。

2012年秋冬时节，我的咨询团队帮助某壁纸品牌打造店面公司化的样板市场。其中一些事例具有启发性，我拿出来与大家分享。

首战在西安。这个组合的团队中共有来自于三方的人员：和君智业团队、壁纸厂家和经销商团队。在这里主要谈一谈厂家业务团队在执行过程中所体现的团队三角案例。厂家共派去六个人，张某是此次样板市场的厂家业务经理，在公司属于推销部的元老级人物。

临出发之前，大家都充满了希望。我的咨询总监给他们传达的信息就是：前进的路上到处都是挑战，我们做的事情一定是有意义的，具体有两点：（1）对自己的成长有意义。（2）对身边的人有意义。自己的能力提升了，就能帮助身边更多的人、更多的经销商。

当促销活动结束的时候，当地经销商老板同意让各工作人员每人有机会抽一次奖。于是，大家都抽了一次，大大小小也得了奖。这时候，张某从厂家代表的角度考虑到，经销商就是客户，他怕得罪客户，最后让工作人员抽到的奖品都给送回去了。

张某虽然留住了客户，但却失去了整个团队对他的信任。他没有明白，有团队才有客户。他没有明白，在将来，团队会跟自己一辈子，还是客户能跟自己一辈子。失去了团队还怎样谈将来，怎样谈客户？团队跟着你，你怎样让团队对你心服口服这是内部营销，怎样留得住客户是外部营销。或许有人认为张某格局不高，其实这不只是格局的问题，更是思维错误。毕竟，出来做事，摔跟头才能成长。厂家必须考虑到全国市场，把西安当作一个锻炼，任何的赔与赚是业务经理无法把控的。因此，这个业务经理需要有正确的思维模式，才能作出正确的抉择。

在这次的壁纸销售中，有高档的和低档的，但是，在经销商所在的建材卖场里，高档壁纸几乎卖不出去。这时经销商就认为张某的销售路径有问题，张某的自信心急剧下降。后来，我们的咨询总监多次和经销商沟通，进行了销售路径的改善，之后，高档壁纸也卖出去了。所以说，及时采取行动是非常有必要的。

## >> 第二节 带好团队的八个步骤

怎样带好一个团队呢？经过多年的探索，我总结出了八步递进的经验。第一步：选人；第二步：培训；第三步：传帮带——能力复制机；第四步：思想同化；第五步：激励；第六部：树典型；第七步：开除无效员工；第八步：领军时刻。

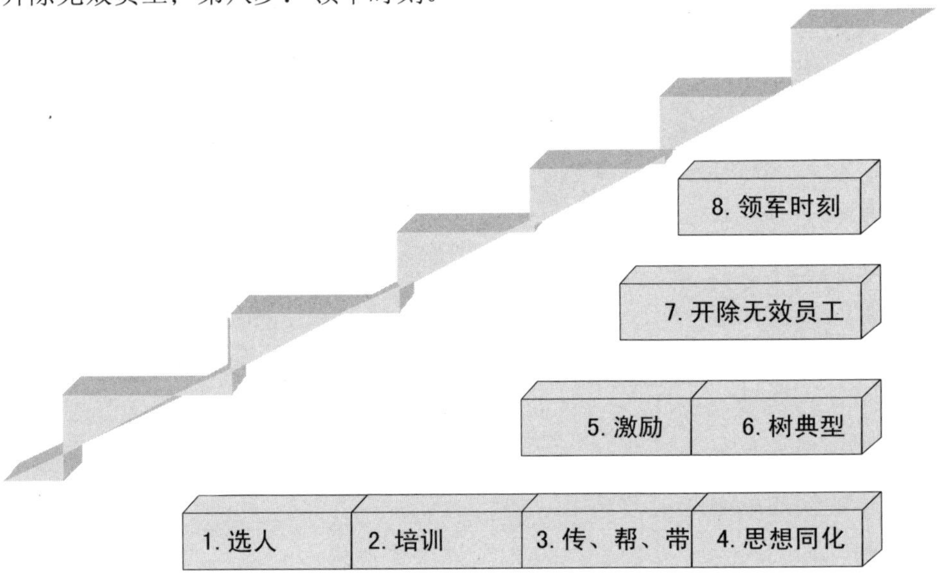


### 一、选人

我们先来了解一下人们找工作时的心理：

1. 企业赚钱，个人赚钱。
2. 赚得开心，有尊严。

3．赚得长久，越赚越多。

4．即使离开，也可以继续甚至超越现状。

5．满足个人爱好，有人协助提升。

6．大树底下好乘凉。

7．可实现自己的梦想。

8．老板是个人崇拜、欣赏的类型。

有竞争的企业应该是：

1．有效的赢利模式、合理的薪资制度。

2． 融洽的工作氛围、稳定的企业文化。

3．长远的企业规划、激励的薪资制度。

4．完善的培训制度、激励性的晋升制度。

5．合理的用人方式、优秀的领导魅力。

6．持续完善福利制度、创新给予员工意外惊喜。

7．有企业梦，且与员工未来的发展有关。

8．老板个人魅力不断提升。

企业要想招聘到优秀的人才，可采取“吸”和“筛”两个步骤：一是吸引大家前来应聘，二是从众多应聘者中筛选出优秀人才。

首先来了解一下如何吸引人才。可以先让其心动，然后让其行动。

1．老板的讲话要引起应聘者的共鸣。老板阅历丰富，可以根据自己的人生经验跟应聘者谈人生，这样既抓住了应聘者的心理，又拔高了他们的思想高度。

2．打破应聘者的习惯性思维，明确告诉应聘者找工作养家糊口这种想法会制约人的发展，只要用心努力，没有不成功的。员工在这里工作不是为拿三千、五千的问题，而是一个关系自身发展的问题。老板可以强调企业不仅可以给应聘者带来生活保障，还能为他们搭建平台，供其发挥个人才智，有助于将来事业的发展。

3．给应聘者传递正能量。老板要告诉应聘者所有的成功都是靠自己拼搏得来的；机会人人均等，关键看自己能否把握住；简单生活，快乐工作……

那么，老板如何让心动的应聘者行动起来呢？

可以从塑造企业形象入手，先介绍企业的发展历程、制度、企业文化等，也可开一个说明会，给应聘者严谨的第一印象。

接下来开始“筛选”的步骤。在筛选的时候，给应聘者一种机会非常难得的感觉。这样大家才更加重视这个机会，以后的工作中也会更加卖力和认真。

可按照素质模型来筛选，一般分为综合素质模型和特殊岗位素质模型，然后根据应聘者的特点，选择能力强并适合团队发展的人才。具体情况可参看下表。

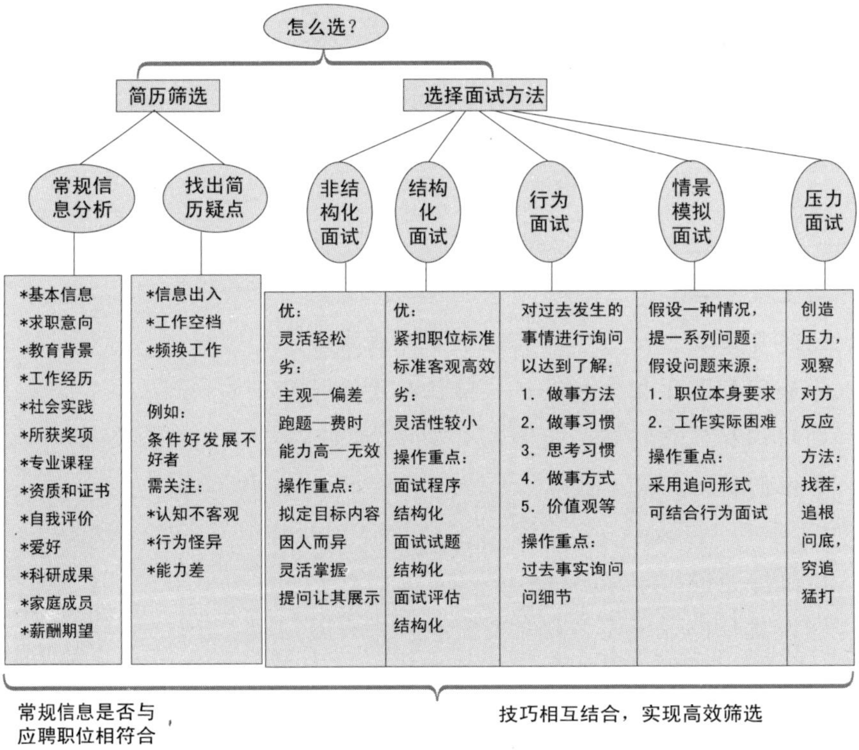

## 二、培训

我们先来看看这些世界500强企业是如何培训他们的员工的。

海尔：贯穿“以人为本”、提高人员素质的培训思路，建立一个充分激发员工活力的人才培训机制，最大限度地激发每个人的活力。海尔集团自创业以来一直将培训工作放在首位，上自集团领导，下至车间一线工人，根据每个人的职业生涯设计、制定出个性化的培训计划，提供充分的培训机会，并实行培训与上岗资格相结合。海尔培训原则是“干什么学什么，缺什么补什么，急用先学，立竿见影”。

麦当劳：“要使人才培训后不流失，关键要把企业的培训计划与员工个人职业生涯发展计划融为一体。”要计划一下未来一两年内可能到达什么位置，让他清楚上面的职位需要多少人、现有多少人、有多少职位有待升迁和补充。让员工感觉到在麦当劳的前途是看得见、摸得着的。

联想：“办长久公司的根本大计是百年树人问题”，我们更看重人才的忠诚培训，让企业文化这只“看不见的手”挽留住受训人才，方为上策。在联想，不论是管理培训，还是技能培训，企业文化的培训始终贯穿其中。人才培训与企业发展战略紧密相联。在联想，培训人才和留住人才相辅相成：“留住人才的关键在于它能为员工提供良好的培训和发展空间，而培训则常常是员工感受企业是否在尽心尽力地为他们创造发展机会的依据，是体现企业文化的重要形式。”

确保企业可持续发展，员工培训是最重要的环节。员工培训不仅能激发集体的创造力，还能提升员工的执行力和责任感。同时，也能为员工在本职岗位上建功立业奠定坚实的基础。客观上，员工培训为促进企业又好又快的发展提供了人才保证。在家居建材行业中，基层员工的整体素质直接关系到一线销售业绩，企业管理者越来越重视基层员工的专业培训。

为此，我们特别制定出适合家居建材行业的培训内容，简称为“一有三省”。

1．有效：针对重要岗位，提供实战课程，系统提升员工能力，提升业绩。

2．省心：和君智业商学院提供方案并全程实施指导，简单可行，老板不需要操任何心。

3．省时：无需集中培训，员工可以利用闲暇时间随时学习。

4．省钱：利用现代互联网技术授课，降低培训成本。

**三、传、帮、带**

一般来讲，老板是熟悉企业工作流程的，而许多员工需要培训才能进入工作的角色。这时候，老板更像是教练，对他们传、帮、带。

※入门期——做给他看：我先做一遍，你看一下。他做你看。老板这时候需要耐性，你不能拿自己的标准要求员工。

※ 尝试期——给员工充裕的时间和空间，让他尝试着自己去做。

※ 巩固期——不断地复习，巩固所学到的知识。

※ 复习期——让员工展示出自己在工作上的工作能力，大家来考核。

※ 结束期——放手让员工独立承担自己的工作任务。

“四会”管理：

晨会——员工情绪的调节器：领军之道，领导最后领的是人心，目的是把大家情绪调动起来。一般来说，成功的人都是懂得自我情绪管理的人。

夕会——表扬分享的大广场：批评和表扬对一个人的作用是不一样的，表扬能让员工充满自信，批评能让员工警醒。

工作会——工作成果的追踪机：检查并考验工作的收获和总结。

整改会——突破蜕变的成长剂：通过此会，改变不良的习惯、现象等。

由此可知，企业中的传、帮、带：“传”的就是知识、经验；“帮”的是转变思维、端正态度；“带”的是精神、作风。

**四、思想同化**

第一步：培训宣传

第二步：日常会议强调

第三步：随时引导

第四步：以身作则

第五步：建设企业文化

第六步：奖励与惩罚

高效的团队会用价值观来规范和激发团队共同奋斗，统一大家的思想，从而带来团队高绩效。

阿里巴巴创始人、首席执行官马云被著名的“世界经济论坛”选为“未来领袖”、被美国亚洲商业协会选为“商业领袖”，是五十年来第一位成为《福布斯》封面人物的中国企业家，并曾多次应邀为全球著名的高等学府麻省理工学院、沃顿商学院、哈佛大学讲学。“我认为，员工第一，客户第二。没有他们，就没有这个网站。也只有他们开心了，我们的客户才会开心。而客户们那些鼓励的言语，鼓励的话，又会让他们像发疯一样去工作，这也使得我们的公司不断地发展。” 这是2001年马云的经典语录。

而现在，马云说，“十年以来，我们活下来的其中一个理由，就是我们坚持客户第一、员工第二、股东第三。”打天下和治天下，自然不同。

阿里巴巴六个核心价值观为：（一）客户第一——客户第一，客户是衣食父母；（二）团队合作——共享共担，平凡人做非凡事；（三）拥抱变化——迎接变化，勇于创新；（四）诚信——诚实正直，言行坦荡；（五）激情——乐观向上，永不放弃；（六）敬业——专业执着，精益求精。

在这里，我们送给家居建材行业的员工八句话：

我们只要信任，拒绝猜疑；　我们只要交流，反对隔阂；

我们只要支持，不要拆台；　我们只要谅解，绝不埋怨；

我们只要关爱，抛弃冷漠；　我们只要进步，鄙视退缩；

我们只要鼓励，反对呵斥；　我们只要成绩，不找借口。

**五、激励**

激励是推动大家前进的驱动力。当团队士气低落时，老板需要站出来激励他们，然而有些情况是不需要老板激励的，如明争暗斗、只按规定办事不知变通的。适当的激励，能让员工信心百倍、精力充沛地去干工作。

优秀的管理者，能让能力一般的人把工作做优秀；平庸的管理者，能让能力优秀的人把工作做一般。员工的能力到底能做出来多少贡献，取决于老板。

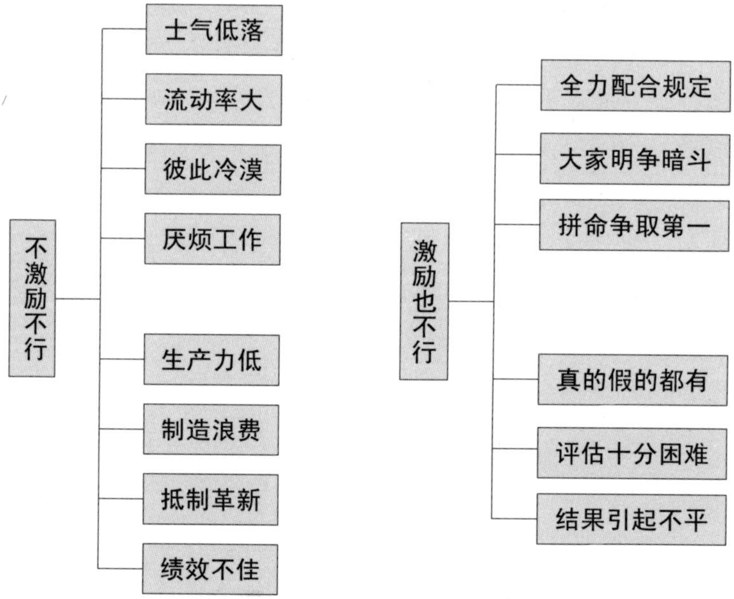

机会对每个人来说是均等的，至于能否把握得住，那得看各自的本事了。失去了成功的机会，这只能怪自己。

激励机制的两大核心：有本事就来拿，没本事怪自己。

优秀的管理者，能让能力一般的人把工作做出色！平庸的管理者，却让能力优秀的人把工作做一般。

※ 实施激励的起点——交代任务时层层都有激励点

※ 二次激励点——检查工作时步步都给新激励

※ 激励的升华点——追究责任时处处都留暗激励

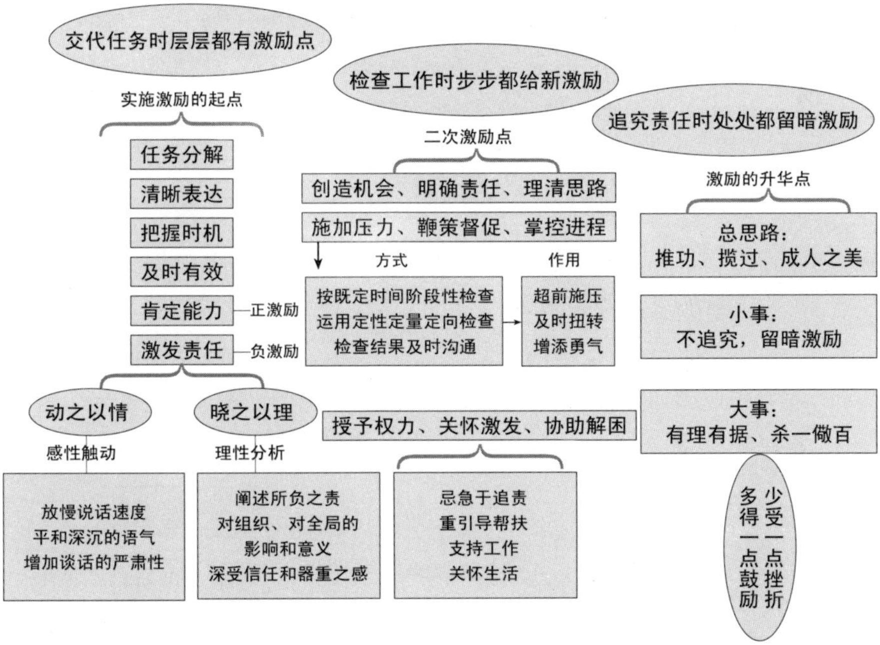


我们还可以把团队中典型的人和事写成文字张贴出来，激励大家：

赞美榜——赞美身边每一个美好的事件与细节。

关怀榜——关怀每一位员工，营造温馨轻松的工作氛围。

捷报榜——每一个好消息以最快速度传遍我们的团队，让我们都被感染振奋、愉快、充满信心的团队气氛。

难为情榜——督促需要进步的员工努力改进，不断成长。

还可以通过手机短信激励员工。

齐心——步调一致

各位家人：从9月1日起，全线进入“十一”促销备战阶段，全力以赴，以达成“十一”7天整体销售额800万的目标。希望全体家人做好规划和安排，乘风破浪，勇创佳绩！特此通告！（和君之家）

信心——众志成城

各位家人，汇报特大喜讯：新开业的居然之家店在昨天刚刚开业的第一天就取得了100万的销售业绩，此业绩刷新了记录，打出了我们大华人的气势、打出了大华人的风格，大家鼓掌祝贺！望各位再接再厉，勇创佳绩！（大华之家）

关心——如沐春风

各位家人，据最新天气预报，本市从明天起，未来三天内气温将骤将至零下3度，请各位务必应对好气温变化，特别是我们小区部的同仁，因要顶着风寒工作，请注意保暖，防止感冒！（隆昌之家）

总之，两者兼顾，做到合理的激励，我相信整个团队会爆发出前所未有的能量。

## 六、树典型

不同行业都有各自的典型，例如，海底捞一直是餐饮界的典型，它的“优秀员工，等于自我管理”原则一直被其他餐饮企业所效仿。“一花引来百花开”，树典型是为了学典型，只树不学，等于没树。典型体现企业精神和企业需要，一方面，我们要发自内心地相信典型、尊重典型，进而自觉地学习典型；另一方面，学典型要注意联系自身实际，不能比着葫芦画瓢，只学形式而未抓住实质。

## 七、开除无效员工

有句话叫“铁打的营盘流水的兵”，对一个企业来说，人员经常流动是正常的。对于那些不适合本企业发展的员工，老板可以予以开除，这既可以减少企业负担，不拖其他员工后腿，也利于这些开除掉的员工有机会找到适合自己的工作。

企业中的员工根据能力、工作态度等可分为三大类：

A类“被激励者”：是激情满怀、勇于负责、思想开阔、富有远见的一批员工，他们不仅自身充满活力，而且有能力带动自己周围的人提高工作效率。

比例为20%——工资是B类员工的2-3倍

B类“被提升者”：工作激情和能力要比A类员工差一些，企业需要投入大量精力提高B类员工的水平，部门经理的主要工作之一就是帮助B类员工成为A类员工。

比例为70%——是公司中最大的人群

C类“被淘汰者”：不能胜任自己工作的人，有的还会打击别人，而使目标落空。作为管理者，不能在C类员工身上浪费时间。

比例为10%——公司中拖后腿的一批，要被淘汰。

物以类聚，人以群分，对于一个企业来讲，只有所有员工都齐心协力、努力工作，才会吸引更多优秀的人才来此工作，从而取得更大的成就。

### 八、领军时刻

无情的管理，绝情的制度，有情的领导。思想挂帅，动作领先。出现以下情况的时候如何去做？

1. 出现“业绩下滑、士气低迷”的时刻——比信心

这个时候，老板首先不要泄气，而是要信心百倍地迎接挑战，激励员工。只有这样，员工才会在企业的危难时刻，破釜沉舟。可以说，信心比黄金更重要。

① 绘蓝图——没有失败，只有放弃；

② 找方法——提供至少三种以上的解决方案；

③翻身仗——哪怕赢取一个小小的胜利。

2. 出现“业绩上扬、士气高涨”的时刻——乘势而上

①重激励——调动更大的积极性；

②新目标——从一个里程碑走向另一个里程碑。

③里程碑——进行跨越式、跳跃式发展。

3. “公司新政策下达”的时刻——拼决心

经过调研，制定决策后，要立刻行动起来，不能前怕狼后怕虎，犹豫不决。

①缓决策——要“慢”不要快；

②快执行——要“快”不要慢；

③不动摇——选择了就是正确的。

4. “重大人事变动”的时刻——泰然自若

①一顿饭、一次交流——分了还是朋友；

②一次欢送会——敞开胸怀；

③火线提将——骨干都是战火中锤炼出来的。

5. “战略业务转型”的时刻——拥抱变化

①模式梳理——重复旧的做法只能得到旧的结果

②利益挂钩——实现共赢

③迅速行动——有效果比讲道理更重要

以上就是我根据自己多年的积累总结出的带好团队的经验，既有理论指导，也有实际操作，希望能帮助我们家居建材行业的同仁们更好地打造团队。

# 第五章　促销之道

## >>> 第一节 解读促销

近几年，家居建材行业竞争非常激烈，竞食者剧增，难免会出现“僧多粥少”的窘困局面。为了在市场竞争中立于不败之地，提高市场占有率，抢占更多的市场份额，很多厂商、经销商都会开展五花八门、形式各异的促销活动。我们一起来探讨一下，促销的目的是什么，如何才能做好促销？

### 一、促销的目的

促销，就是指对促进产品推广和销售有帮助的营销活动，即某段时期内，以实际或相对低于平时产品价格的优惠方式进行推广和销售。

想要成功地策划好一次促销活动，首先要明确其目的所在：完成阶段性的销售目标；新品的推广活动；宣传造势，强化品牌在本地市场的知名度，等等。

### 二、促销的时机选择

家居建材行业在春节后一般会进入淡季，而分销渠道的库存也基本不多，很多品牌开始竞相抢占分销渠道，可在春节后适时推出促销活动，在淡季市场填充分销商库存，保持淡季不淡的状态，也有利于保证渠道成员的忠诚度。而在进入市场旺季前后，也应该适时推出促销活动，尤其是要争取在竞争对手促销活动之前展开，这样可以保证预期效果的实现，同时也达到打击竞争对手的目的。

借助旺季拉开终端促销活动，尤其是要充分利用节假日展开，通过借势宣传，提升品牌知名度，达到终端促销和渠道促销的互动销售。

### 三、促销活动策划与实施要点

促销活动成不成功，关键看前期准备得是否充分，促销主题、促销策略和方式是否都已考虑周全。

1. 促销策略与主题

促销策略决定促销主题。主题是整个促销活动的灵魂，它应该响亮易记、抓住关键，能一举打动消费者。主题应具备两个条件：一是竞争对手尚未运用；二是能满足消费者的迫切需要或潜在需要。主题的策划需要有创意，这也是决定促销活动成功的关键。

2. 促销方式

家居建材行业中，很多品牌的促销活动都做得非常成功，促销的方式很多，总结起来有以下几种。

⑴促销思路：商家在促销过程中，一定要让顾客感觉到他占了你的便宜，而这个便宜对手没有去做，这是促销的宗旨。

⑵聚人气：“促”字怎么写？一个“人”，一个“足”，人气足方能促销。如何才能人气足呢？具体方法就是制造焦点。在国内，制造焦点最好的公司当属乔布斯的苹果公司了，其饥渴营销让它风靡全球。

⑶造声势：造声势之法大多是以势取人。声势造得好，不仅会使自己的实力在无形或有形之中增强了许多，而且还会削弱竞争对手的力量。

(4)139法则：这个法则类似于拍照距离的原理，分别代表近景、中景和远景。

1法则指1米或10米“近景”，为活动现场区域，即活动及购买交易区。

3法则指3米或30米“中景”，为现场附近区域，即特色信息感受区。

9法则指9米或90米“远景”，为围绕活动现场区域，即品牌诉求区。

顾客从9米走进3米，要走过整个活动区域，从被吸引过来到看具体的活动等，逐渐进入消费状态。1米属于成交区，只要进入1米阶段，极有可能进入成交阶段。

(5)狠宣传：主要是宣传卖点。通过努力清晰地传达企业独特的销售主张，像层层剥笋一样直达事物的内核，能让客户立即判明它的价值！

要有独特的销售主张，做得好不如说得好，这就是销售的本质。做销售要打造核心，要符合中国本土。

(6)关键词：送、赠、奖、免。这些都能牢牢抓住消费者的眼球，打动消费者的内心。

(7)布置终端：布置终端就是布置战场。千篇一律的终端工具只会使你的信息看起来与其他人完全一样，要想在终端竞争中脱颖而出，

自己必须拥有与众不同的专属于自己的终端武器，从而创造优越的竞争环境。

(8)海报宣传：人需要包装，店面也需要包装，普通的东西一旦经过专业人士的包装，就会有化腐朽为神奇的效果。

海报张贴原则：①看得见，摸得着。

②强制性——不看都不行。

③诱导性——看了就想买。

④规模性——以多取胜。

⑤频率型——高覆盖，高张贴。

居然之家中厅

(9)产品陈列：让产品“说话”

我每次进陶瓷店、地板店、卫浴店、壁纸店、窗帘店、地毯店等，见到的都是销售员在向消费者推销产品，侃侃而谈，而产品则躺在一边，默默无闻，毫无展示自己的机会。这是因为产品展出不生动。

因此，产品终端要生动化，让顾客瞬间产生购买冲动。产品终端如何生动化呢？重在包装产品，要突出企业的明星产品。例如，卖马桶的要给它打上座，上面写上话：“节水先锋，超强冲劲，缓降盖板”。

3. 促销策划的操作程序、进度安排、宣传措施

一个真正的促销策划怎么完成？下面这张图我积累了10年，如果你把这张图研究透，并按流程一步一步去做，你就是促销高手。

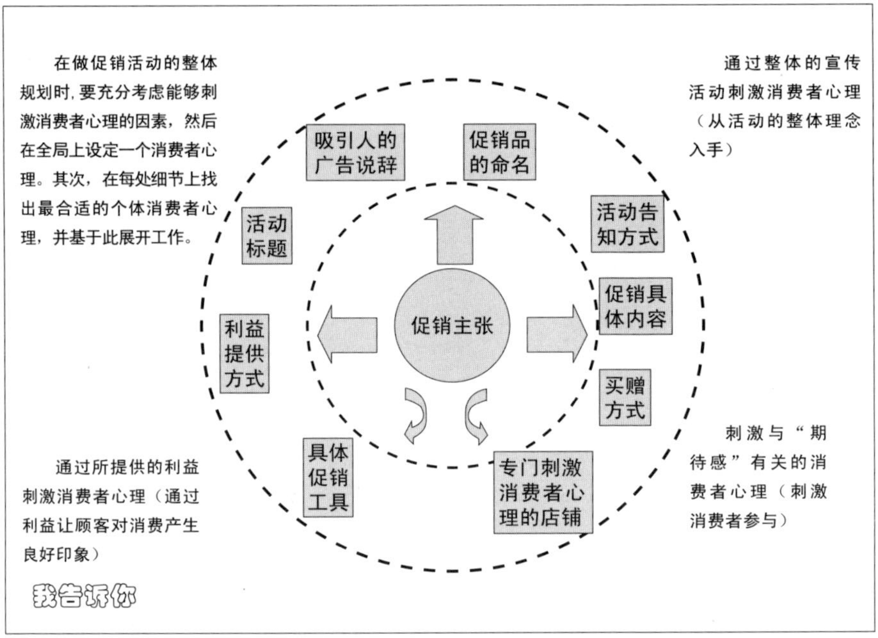


做营销的人要学会表扬与自我表扬，销售要先从自己开始，让自己的团队认可，然后才能征服市场。

⑴操作程序：在选定了促销方式后，下一步就要完善活动程序。

活动规则要求详细、周密、可操作，不能留有漏洞。文案不可太复杂难懂或模棱两可，且要求的购买条件不可太高。如凡购 5000元以上者，赠送一条毛巾，这样的文案宣传就很难引起消费者的兴趣。

⑵ 进度安排：包括活动所需物品、礼品、宣传品等物件的准备时间、活动期限等。

⑶宣传措施：促销活动的信息只有传达给目标顾客，取得其响应后方可产生效果。

宣传是整个促销活动极其重要的一环，如宣传工作组织不好或未落实，所有努力将付诸东流，难以实现预期效果。宣传方式有：散发宣传单，悬挂横幅，张贴海报，报纸，电视，电台广告，促销产品专柜，专区展示等 。

⑷进行效果评估：促销活动结束后，要进行效果评估。

主要评估以下几个方面：

本次促销活动是否达到了预期的效果；达到或未达到的原因是什么；本次促销活动的经验和不足是什么。

4. 促销分享和复制

⑴促销的分享机制

企业举办促销分享活动可以让更多经销商了解公司的产品，从而拓宽销售渠道。

⑵促销执行手册

促销执行手册是一场促销活动的保障机制，细到每个促销商品的细节、每一个促销工具，甚至是导购的说辞，都要严密考虑，这样才能保证全国的专卖店、经销商，能够按照统一的方式去执行。

做促销最大的难度，其实是执行问题。企业保证每个渠道、每个经销商能按照统一的方式来执行的基础是，通过分析，制定执行手册，通过标准的模块，规范地去运作。

所谓销售粘性，就是在消费者选购产品的全过程中，时刻让品牌对消费者的每个环节保持吸引力，让消费者和品牌之间拥有强烈的关联，减少消费者的流失并最终提升订单率。

购买家居建材产品，是一个非常复杂的过程，一般而言，一个消费者选择一个建材产品，形成购买决策，需要和该品牌接触三次：第一次，与多个品牌进行比较；第二次，深度了解产品应用到自己家里的效果；第三次，最终下订单。在此期间，销售任何一环出现差错，都可能导致客户的流失。

## >>> 第二节 菲林格尔促销解析

### 案例：菲林格尔“价值战”——促销飞轮

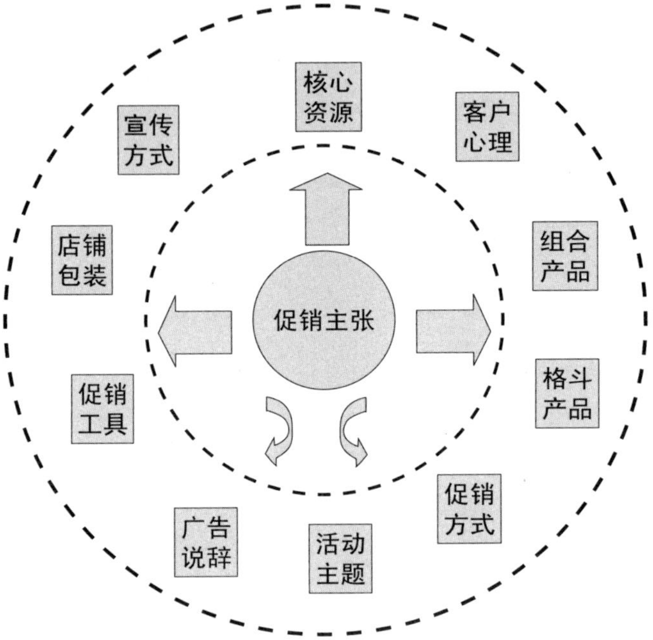


1. 核心资源

奔驰、宝马、大众、西门子、阿迪达斯……这些来自德国的国际知名品牌，对中国消费者的影响力非同一般。从中国消费者心理认知来分析，德国的品牌代表着高品质。

菲林格尔，这个来自德国的品牌，自然以优势的资源吸引了广大顾客。

2. 客户心理

菲林格尔善于把握客户的心理，采取“傍大款”策略，即“与名品共舞，提升品牌力”，巧妙地将地板和LV名牌包联系在一起。

强强联合

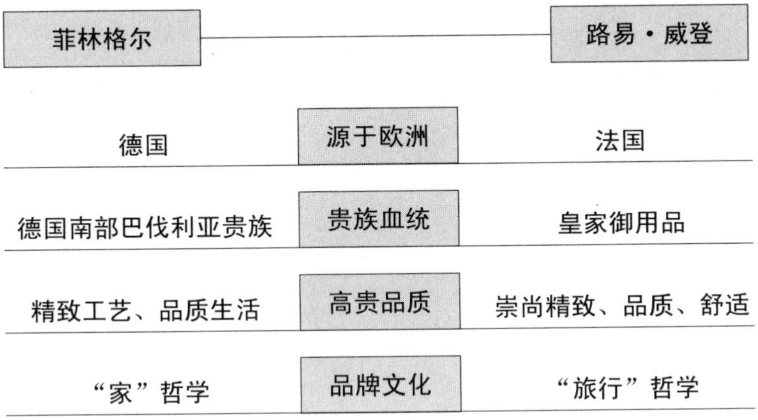


男人如地板，
承受生命中不能承受之重；
女人如背包，
包容生命中不能包容之心。

在促销活动中，突出购买本产品，就有LV名牌包相送，定会吸引大量顾客前来购买。

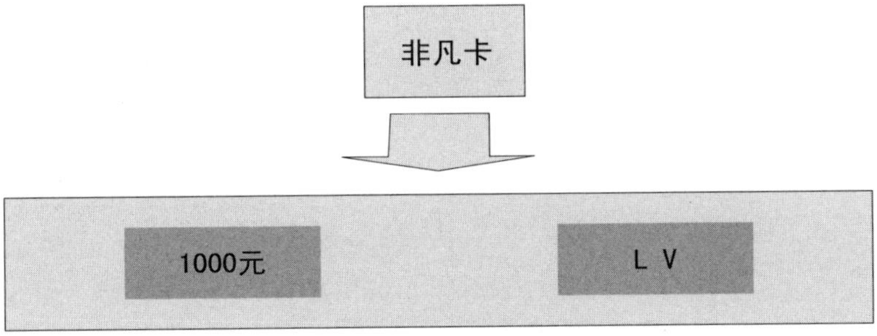


本次促销活动使用非凡卡，
享有两大特权

3．格斗产品

限量版——“限量板”

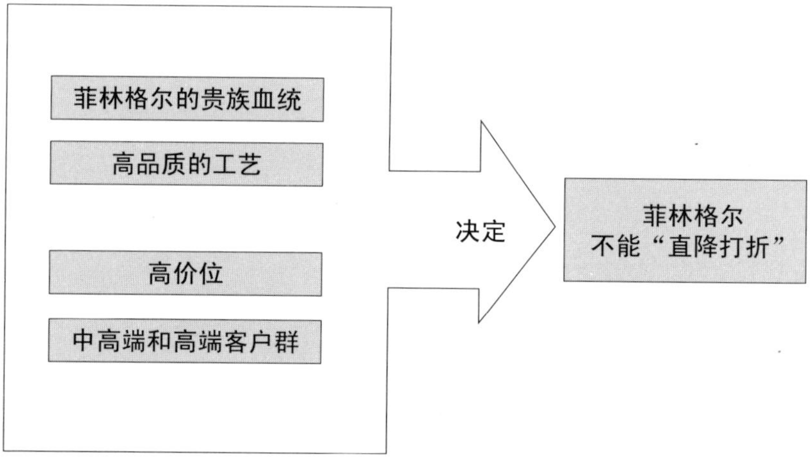

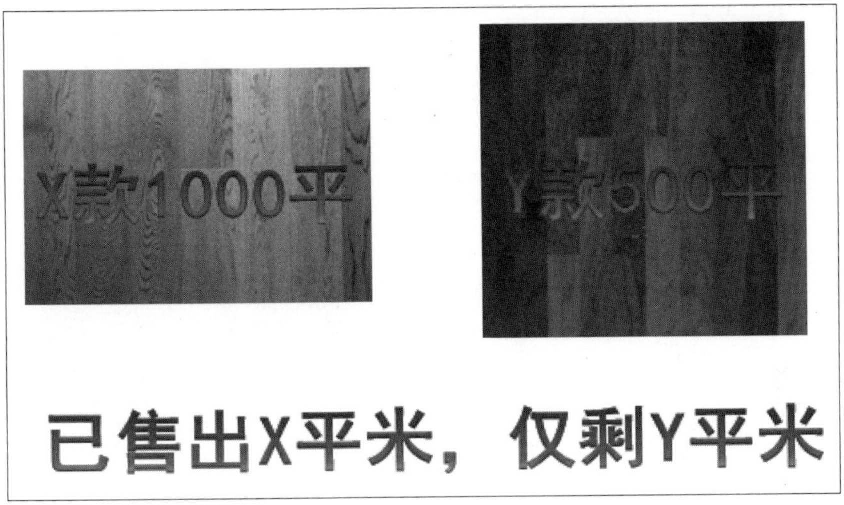
X款1000平
Y款500平
已售出X平米，仅剩Y平米

4. 组合产品

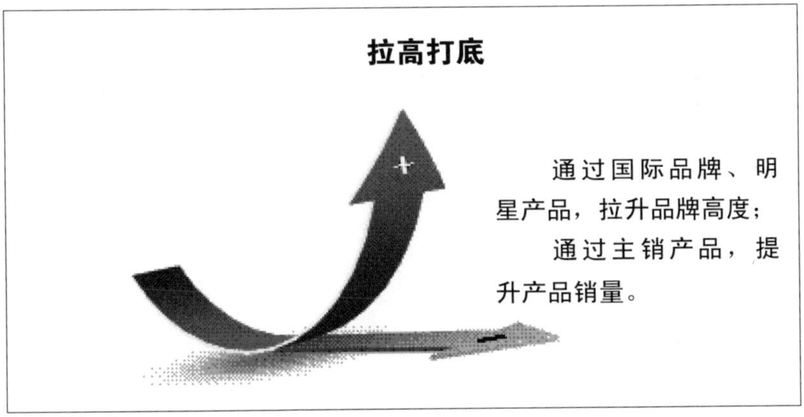
拉高打底
通过国际品牌、明星产品，拉升品牌高度；
通过主销产品，提升产品销量。

明星产品——原装进口地板
包装方式——金牌售价签
原装进口地板，共4款，价位1500-2500元/方。
■ 黑胡桃木，1款；
■ 樱桃木，1款；
■ 橡木，2款。

5．促销方式

通过预存、抽奖、限量等方式促销。

**促销七重礼**

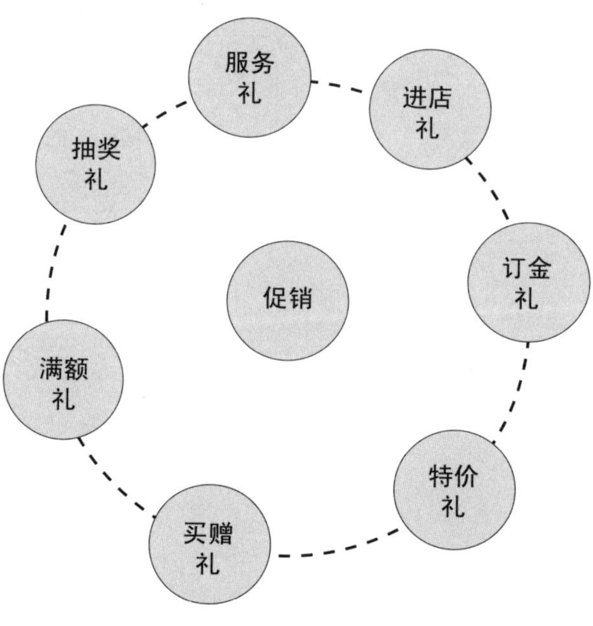

6．活动主题

活动主题及广告语：买地板，送正品ＬＶ。

主题热点三要素：借大势、注目率、占便宜。

寻找热点

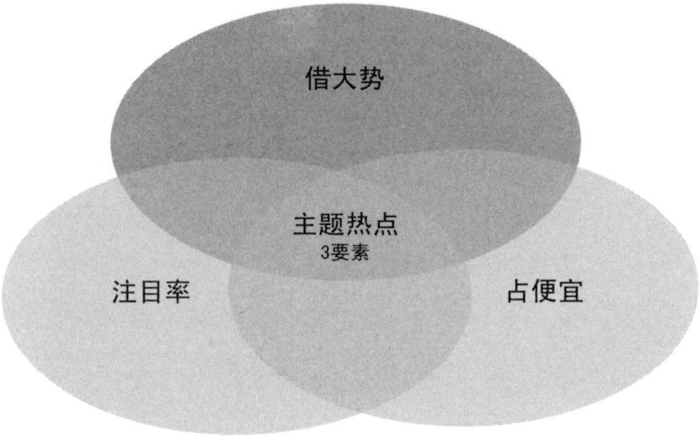


7．广告说辞

可用简短有力的语句作为广告语，例如，“买10元返1000”。

8．促销工具

促销工具一般为海报、电子屏幕等。

9．店铺包装

在做促销活动时，少不了做店铺包装，主要体现在门面、展厅等包装上。

10．宣传方式

促销的宣传方式有报纸、短信、小区临时促销员等。

**促销36计**

| | | |
|---|---|---|
| 1. 打折 | 13. 团购 | 25. 小区 |
| 2. 直降 | 14. 新品 | 26. 公益营销 |
| 3. 买赠 | 15. 讲座 | 27. 炒作、事件营销 |
| 4. 抽奖 | 16. 展示会 | 28. 新店开业 |
| 5. 预存 | 17. 名人 | 29. 以旧换新 |
| 6. 联合 | 18. 签售 | 30. 服务 |
| 7. 限时限量（抢购） | 19. 美女 | 31. 免单 |
| 8. 文化 | 20. 游戏 | 32. 人群促销 |
| 9. 返现 | 21. 拍卖 | 33. 小便宜 |
| 10. 套餐 | 22. 秒杀 | 34. 摆设 |
| 11. 战斗机 | 23. 试用 | 35. 证人 |
| 12. 路演 | 24. 网络 | 36. 店庆 |

## >>第三节 促销执行

促销执行的成功条件：天、地、人、势、器、法。

1．“天”——天时：就是时机。

2．“地”——地利：就是场地制胜。

3．“人”——人和：营销永远是由内而外的。

4．“势”——气势：造势是一门学问，磅礴的气势对消费者有足够的吸引力。

5．“器”——工具：促销前一定要做充分的准备，物料、人员、赠品、路演队伍一个都不能少。

6．“法”——方法：吸引到足够的“注意”是促销成功的关键。

如果同时具备以上6个条件，必然成功；如果同时具备以上5个条件，十拿九稳；

如果同时具备以上4个条件，胜券在握；如果同时具备以上3个条件，放手一搏；

如果同时具备以上2个条件，胜算较低；如果你只具备以上1个条件，只能等待奇迹；

如果以上1个条件都不具备，必然失败。

### 一、如何把人叫进来？

对于节日促销活动，深挖渠道将成为关键。确定渠道目标和任务，并有效地将促销信息通过渠道传递给客户，这将直接影响到销量。

1．家装渠道——在促销中最具实效性的渠道。

2．小区渠道——广告运作的前端市场，比传统媒体的“大海捞鱼”更具有目标性。

3．市场终端——对终端客户的的“抢、逼、围”是一种有效且低成本的广告形式。

## 二、如何把人留下来？

店外店内的硬件和软件：

- 店外：门铃、停车位、门外地面、车辆、门头、橱窗、户外广告……
- 产品： 卖点、陈列、价格、定位、组合……
- 硬装饰：天花板、地面、墙面、厕所……
- 软装饰：橱窗、窗帘、绿化、饰品、员工形象……
- 氛围渲染：音乐、气味、灯光、人际……
- 助销物料：小样板价目表、易拉宝、证书、海报、电视、已安装客户照片、手提袋……
- 功能区规划：布局、接待台、洽谈区、设计区、办公区、卫生间、仓库……
- 人：形象、举止、神情、态度、状态、礼仪……

1．户外——大刀阔斧

户外广告要有气势，有宣传的力度，适应于市场拱门、广场立柱、楼面广告、广场地贴等，通过这种形式的宣传，获得品牌的较高关注率。

执行要求：清晰明朗、简洁大气、提升品牌形象和活动知名度。

2．店内——精致有度

店内广告要准确地表达促销内容。适应用于台牌、特价贴、吊旗、画板架等室内物料。通过此类物料的布置，提升店面的装修氛围，达到一种软装饰的效果。

执行要求：材质高档、尺寸精致、画面美观，能衬托店内效果为佳。要根据店面和市场的不同尺寸因地制宜。物料的布置原则上不能破坏店面的装修氛围。

3．媒体——妙笔生花

媒体广告，包括网站、报纸、电台、电视台等广告。这种媒体传播能极大地影响消费者，从而提高关注度和进店率。

执行要求：信息牵引、画面美观，扩大活动影响力和牵引力。

### 三、活动预算和销售话术

㈠ 活动预算

| | 项目 | 数量 | 单价 | 总价 | |
|---|---|---|---|---|---|
| 收入 | 销售额 | **个店，每店***单 | ****单<br>****万元/店 | ****万 | |
| 总计 | | | | ****万 | |
| 产品扣点成本 | 返****元代金券 | 销售额的****% | | ***-***万 | ***%-***% |
| 奖品物料成本 | LV提包 | 个（中奖率%） | *****-****元 | ****-****元 | 约**% |
| | LV钱包 | 个（中奖率%） | ****-****元/个 | ****-****元 | |
| | 小奖品 | 个 | ****元/个 | ****元 | |
| | 德比幽默长廊 | 个***个店 | ****-****元/个 | ****-****元 | |
| 总价 | | | | ****-****元 | |
| | 上述成本所占比例 | | | | **%-***% |

相关促销成本如下：

■产品促销折扣：产品全场***折销售。备注：全国其他各地经销商根据利润情况和市场情况自行确定。

■广告费用：根据当地广告成本确定（经销商自定，一般投入***%左右）。

■宣传物料：海报、吊旗、爆炸签根据当地制作成本确定。

㈡ 销售话术

### 黄金30秒

导购：先生（小姐）您好，欢迎光临菲林格尔！我帮您介绍一下吧？（微笑问候）

顾客：哦，我先看看！

导购：没关系，买地板就是要多看看，多比较，才能买得放心，用得舒心，逛卖场很辛苦，您先坐下来歇会儿吧，尝尝德国现磨的咖啡，或者德国原装的啤酒？（引出德国）

顾客：谢谢了，不用那么客气，这是什么？（指着德比幽默长廊）

导购：菲林格尔是德国品牌，德国人对工艺要求精益求精，对生活却喜欢自由无拘无束。您说的这个是“德比幽默长廊”，用来展示中国和德国的人们生活方式的不同。（强调德国文化，初步洗脑）

顾客：呵呵，还挺有意思。

导购：那您先休息一下，我给您倒杯咖啡（啤酒）。

顾客：好，谢谢。

### 活动告之

导购：先生（小姐），现在菲林格尔五一的促销活动已经开始了，这次活动力度非常大，并且买地板还能赢取让男人心动、让女人心跳的大奖呢！（开门见山）

顾客：什么大礼？

导购：呵呵，先生（小姐），在本次活动期间购买菲林格尔，就有机会赢取正品LV，我都挺羡慕您，能有这么好的机会！（抛诱惑）

顾客：真的？

导购：是啊先生，很多时候我们忙于事业，却疏忽了身边的知心爱人，如果在五一节日，送给您爱人一个正品LV，那您想您太太会多么惊喜啊？（引联想）

（是啊小姐，一看就知道您是非常有生活品位的女士，如果您用一款LV，肯定和您的气质非常搭，我想好多人会羡慕呢！）

## 销售非凡卡

顾客：那我怎么获得LV呢？

导购：（微微一笑）先生（小姐），其实您这次要是买地板的话，用非凡卡最合适了！（引出非凡卡）

我们这个非凡卡，是菲林格尔厂家今年刚刚推出的会员卡，用这张非凡卡可以长期享受菲林格尔的优惠活动和服务政策。最重要的是，本次活动用会员卡就能参加LV抽奖活动，最高奖是价值8000元的代金券呢。您知道吗？除了抽奖之外，您还可以享受额外的现金优惠，随卡免费赠送您1000元的代金券。（创造价值）

顾客：那你这个卡多少钱？

导购：就10块钱，虽然钱不多，却非常超值啊，您说是吧？（轻描淡写，让客户心动）

## 见招拆招

顾客：抽奖？这个几率很小吧？我能抽到么？

导购：呵呵，看您的气色这么好，您一定能中的，您觉得呢？

顾客：能不能不要包，直接换成钱行不行？

导购：先生（小姐）其实我们五一活动，本身折扣就很优惠，并且您还享受1000元的现金券，正品LV是我们对您的回馈，感谢您一直对我们的认可与支持。每个消费者都有机会赢取LV的，您也一样。（打消疑虑）

顾客：嗯……

导购：如果您真的不需要LV的话，到时候我帮您向领导申请一下，兑换现金。

顾客：其实关键还是你们地板质量好。

导购：提到产品质量，德国严谨的工艺是我们菲林格尔的骄傲，您看我们的锁扣技术、必恒密封技术，都是我们品牌所独有的，所以不管质量还是工艺品质，都渗透着菲林格尔的严谨细致，您尽管放心吧。

先生（小姐），您看这次非凡卡能带给您这么多的优惠，先定一张吧。（主动提出成交）

顾客：好吧。

## 第四节 促销箴言

### 一、极力造势

升空气球遥遥相望，彩虹门井然有序，红旗猎猎迎风，精彩演出闪亮登场，活动横幅从天而降，门前红红的地毯映入眼帘，临时促销员精神抖擞，战鼓雷鸣，呼声振威，气势恢宏，你方唱罢我登场，好不气派。

这种造势通过聚集商圈能量，极大地吸引了顾客眼球，对竞争对手形成一种威慑力，这在现代商战中，是非常重要的，人流量越大，潜在顾客就越多，销售成功率就越大。

### 二、尽情展示

展示产品、展示环境，看看各种规格、品种、颜色的搭配是否协调，环境是否舒适，促销是否有效果。通过方方面面的展示，让顾客慢慢进入这种体验式销售环境。这种实地感受的销售模式的实战效果要比高投入的广告好得多。

### 三、装饰大比拼

终端展台前，促销海报美轮美奂，活动赠品堆积成山，展台装饰焕然一新。形象力也是一种销售力，提升形象，就意味着提高销售档次，提高顾客的心情愉悦程度，从而提升销售成功的几率。

### 四、个性突显

每个品牌都有自己的色调，比如，海尔的浅粉色、海信的绿色、王牌公司的红色、美的的紫色，这些展示品牌个性的颜色，都是品牌多年来苦心打造的色彩营销，在终端表现出来，就是一个品牌的个性，就像一个人的性格一样无法被替代。

### 五、细心，信心，恒心

终端促销是一个细活，哪怕是针眼大小都要看在眼里，面对残酷的竞争，要充满信心，还要做好打持久战的思想准备，细心，信心，恒心，一个也不能少。

### 六、热情+激情

促销员发自内心的激情具有一种神奇的感染力，容易感染顾客，促成成交，这对推动销售起着至关重要的作用。

### 七、整合资源

顾客购买的不仅仅是产品，而是一个整体的概念，因此，企业必须整合所有的资源，包括产品资源、促销资源、人力资源、政策资源、服务资源，从而形成一个资源圈，我们要想法设法将顾客牢牢地圈在这个资源圈里，目的只有一个——让顾客就地买到自己称心如意的商品。

### 八、冲锋陷阵

促销员要有一种冲锋陷阵的霸气，这是源于内心深处的，是日积月累的，这是在实战中不断自我锤炼的。商场如战场，那种看上去死气沉沉、说话慢悠悠、反应慢腾腾的促销员，根本就不是促销员，最多算是个解说员、理货员。

### 九、广泛撒网

只有大面积撒网，才能获得更多的捕鱼机会，促销也一样，必须大面积地展开信息轰炸，无论是准顾客，还是潜在顾客，只要到了你的展台前，就是你的顾客，无论今天买不买。

## 十、穷追不舍

这一招的实战性很强，在顾客犹豫不决的情况下，促销员不要轻易放弃，而是要穷追不舍。例如，追上去说，师傅呀，再给你落20元，或者加上一件赠品，你要，还是不要？

## 十一、终端拦截

在众多的人群中要迅速锁定目标，进行分析定位，然后找出对策，进行拦截，但是，这里也包括一点，就是反拦截，就是要暗示顾客，等到回来时，还可以继续讲下去！

## 十二、超强记忆

促销员的记性是非常强的，对于来过的顾客，一定要记在心里，等到下一次出现时，马上做出反应！

最后，送给大家三句话：在运动中思考——多走一步；
在流程中改善——做好一点；
在基础上创新——改进一点。

# 未来篇

## 『剩』者为王，拥抱春天

经济寒冬孕育大商机，这也正是考验企业家眼光和魄力的时候。在『剩者为王』的时代，家居建材企业要危中求机，实现『弯道超车』，冲进行业前三，迎接家居建材行业的春天。

# 第一部分 实现“弯道超车”

“弯道超车”，原是赛车上的术语，指参赛车手在拐弯处比直线跑道上更易超越对手。在竞技赛车中，由于直路上难分胜负，高水平车手更多选择在拐弯对手减速之际，加踩油门抢道胜出。

“弯道超车”后来引申到社会发展的各个领域。人们将处在“非常”时期采取的“非常”之道，“危”中求“机”进而实现超常规发展比作“弯道超车”。

当房地产调控的影响逐步显现于家居建材行业，当大量建材厂家因产能过剩引发更大规模行业洗牌时，无论是家居市场还是建材代理商都面临艰难抉择。

危险与机遇从来都是相伴而生。每一次危机的到来，都会使一大批企业倒下，也会催生一大批企业。应当说，经济发展上的每一次危机，都是产业重新布局、企业重新洗牌、新机遇不断涌现的关键时期。危机即转机。

我们来看看享誉中外的企业家们是如何应对经济寒冬的。

### 防范风险，亦有胆气（李嘉诚）

1967年，香港的“五月风暴”触发了移民潮，香港房地产市场立刻一落千丈。随后的三年内，香港大量工厂停产、地产公司关门。李嘉诚凭着对香港地产的判断，奋力支撑，一方面尽量减少利息支出，不过分扩张；另一方面又在低潮中不断收购别人抛弃的地皮、物业。在香港经济的萧条时期，李嘉诚渡过了难关，并完成了大幅置地的长远计划。1968年，香港经济迅速复苏，工商业大规模兴起，楼宇需求量持续增加，李嘉诚的地产业务获得了丰厚回报。

### 成功的投资好比美好的爱情，需要在正确的时间遇见正确的人（巴菲特）

2003年中国SARS疫情严重，前景未明。香港作为重灾区经济受到重创，恒指延续长年下跌的势头，在2003年3月7日更是跌破9000点大关，回到十年前1993年的点位。巴菲特在4月七度出击中石油，加仓一倍以上，最后一次加仓在24日，而恒指25日创出8331．87点新低，刚好是历史大底最低点，之后一直上攻到2007年10月30日31958．41点的大顶。巴菲特4月份的加仓不但加到了恒指的底部，甚至是在恒指最低点的前几天。同样，巴菲特在加仓中石油时，油价在25美元／桶附近，已经从1999年到2003年连续横盘四年。而2003年年底，油价也开始突破长达四五年的平台，一路攻到2008年顶峰的144美元／桶。

### 从一片废墟到创造500亿财富（史玉柱）

从著名的亿万富翁到负债3个亿，史玉柱付出了上亿的学费。败走珠海的史玉柱率领原班人马，用借来的50万在上海和浙江一带二次创业。从“脑白金”出手，他们开始接连斩获成功，黄金搭档、黄金酒……除了保健品领域，他还涉足其他多个领域。2007年11月1日，史玉柱旗下的巨人网络集团有限公司成功登陆美国纽约证券交易所，总市值达到42亿美元，融资额为10．45亿美元，成为在美国发行规模最大的中国民营企业，史玉柱的身家突破500亿元。史玉柱东山再起之时正值亚洲金融危机爆发的经济低潮期。可见，修炼好了内功，危机中也能创造奇迹。

综上所述，经济低潮孕育最大商业机会，这也正是考验企业家眼光和魄力的时候。

一年里有四季，行业里当然也会有春夏秋冬。寒冬来了，春天还会远吗？关键是抓住规律，抓住趋势。

寒冬是“强身健体”的机会，对于中国的家居建材行业而言，无论是瓷砖、地板、卫浴，还是木门、壁纸、吊顶，其发展历程在一定程度上取决于中国房地产行业的快速发展。从业人员通过粗放的成本厮杀来赢得市场生存空间与品牌份额，从而在行业市场快速崛起驱动企业超快发展，对于企业运营躯体有点“拔苗助长”，使更多企业的运营资源、操作能力与环境、产业并不匹配，所以这次“寒冬”的到来为企业做基础练内功提供了“机会”，也将使企业的运营躯体更加强健，来应对将来更加激烈、残酷的行业变革、产业竞争。

面对经济寒冬的到来，很多企业容易产生“羊群效应”，那就是羊在发现狼的潜在危险后，如果有一只羊不知所措地茫然逃离，羊群就会盲目地跟随领头羊逃离，这却为狼提供了最佳进攻时机，使更多羊不是被狼吃掉，就是在奔跑中被吓死。为避免被淘汰的危险，大家千万不要产生这种效应。

参与市场竞争需要策略，制胜对手也需要策略，经济过冬更需要策略。在“剩者为王”的年代，大家必须制定有效的策略，才能安然过冬，以下是笔者总结的度过经济寒冬的五大策略。

### 一、不要“冬眠”要“冬泳”，经济寒冬下更显企业实力

家居建材行业本身竞争就十分激烈，加之成本剧增、市场需求萎缩，投入大，产出小，导致企业的利润大幅减少。在经济寒冬下，企业生存举步维艰，不少企业为了生存，采取了收缩策略，并实行裁

员、减薪、收缩投资项目等策略。按常规来讲，诸多领先品牌采取了收缩策略，对处于后进及地位尚不稳定的企业，恰恰是主动营销凸显其实力的千载难逢的机会。

其实，经济寒冬这个阶段，才是更能体现品牌竞争的关键时期：收缩型企业裁员、减薪；扩大型企业正好将人力资源好好深入整合一下。收缩型企业减少广告、促销及渠道的投入；扩大型企业恰好利用这个机会加大品牌推广力度，只需稍稍加大投入，便可起到事半功倍的效果。这样快速提升品牌形象，很有可能会超越对手，反败为胜。

**二、不要“冬眠”要“冬训”，花大力气打造核心团队**

经济寒冬的到来，家居建材企业似乎有了喘息的时间，也是企业员工和经销商最好的学习提升的时机。如果环境已经变了，人却没有改变，企业可能会被淘汰掉。

因此，首先对企业员工进行培训，让员工通过学习提升自身的执行力与运营效率。其次对经销商进行培训，让经销商通过学习帮助自身提升赢利能力，进而提升经销商对品牌的忠诚度。

**三、不要“冬眠”要“冬藏”，强化营销团队的绩效管理**

在家居建材行业中，目前很多中小企业仍采用的是传统粗放考核方式，也就是底薪+提成。经济寒冬下，对营销团队最好不要裁员，而是通过有效的绩效管理来提升企业运营效率和效益。

那么具体该如何操作才能提升企业运营效率和效益呢？首先，在营销方面，企业要规划分解好目标，导入绩效管理体系，做到定期考核定期奖励。其次，在推进绩效管理过程中，做好有效管控，以确保结果的可控。

强化营销团队的绩效管理，除了可以提升企业运营效率和效益，还可以通过绩效管理体系形成企业人才的良性循环与高级人才储备。

## 四、不要“冬眠”要“冬练”，打造一套成熟的营销模式

我们永远不要停止对于营销模式的探索与创新，因为谁也不曾料到，连锁零售这一曾经那么先进的经营方式，瞬间就在电商等新渠道的冲击下，变成了传统。在竞争日趋激烈的今天，创新才是硬道理。无论是线上还是线下，百货、家居还是超市卖场，我们比任何时候都更需要清楚消费者的最新需求；无论是自营、联营，还是全渠道，我们比任何时候都更需要加强对产品这一核心资源的经营与把控的能力。因此，在当前经济环境下，中小企业更应该加紧“冬练”，提高企业应对风险的能力以及企业自身的管理经营能力才是根本出路。

## 五、不要“冬眠”要“冬生”，逆势进行主动行销动作

面对经济寒冬，家居建材企业大都会削减开支，比如减少营销预算、裁员、关店，以及降低员工工资等。从表面上看，这的确给企业节省了不少费用，但我认为，这是一种错误的营销决策。

大家都知道，早在1994年，墨西哥发生了罕见的经济危机，导致了几乎所有企业都因此陷入困境。几乎所有企业都削减开支，保守面对这次经济动荡。然而，当时有一个品牌却没有这么做，他们反而继续维持了原有的营销费用投入，确保品牌与消费者的亲密接触。这个品牌就是可口可乐。

后来，其全球CMO塞尔希奥•齐曼回顾这个事件的时候说：当人们困惑而不知所措的时候，正是你来指导人们的大好时机；你的大多竞争对手可能都会削减开支，这就给了你一个扩大市场份额的良机。因此，市场动荡时，你应该继续你的投资。

这是一个真实的案例，也是一个经典的案例。因此，企业不要一味地想着“如何减掉费用”，而应该想想“如何合理使用费用”。

因此，越是经济寒冬，越不能轻易削减你的营销费用，越不要轻易离开你的消费者。

## 第二部分 冲进前三，迎接家居建材行业的春天

我们大胆设想一下，若干年后，地产楼盘不再有热火朝天的局面，家居建材行业中的卫浴企业、地板企业、陶瓷企业等，可能都只剩七八家了，可能每个城市只要一个代理商就够了，一个行业近百个经销商，到时可能只剩七八家，也就前一、二、三活得好，四、五、六在坚持，七、八基本被淘汰。如果这时冲进行业前三，就能度过经济寒冬，迎来经济发展的春天，“剩”者为王。

我们一起来看看，家居建材行业的企业家们是怎么说的？

**TATA吴晨曦：**未来一段时间，几家最重要的家居网络媒体都会依托强大的流量开展家居建材电商业务，谁做得早，并且做得对，谁就会超越第二脱颖而出，毕竟销售产品现金流要比广告现金流要好得多，同时控制市场的能力就会强得多！

**荣麟世佳戚麟：**家具行业的被迫受控，不完全责怪于房产量交易的减少，根本原因在于自身的产能过剩，同质化产品的泛滥，企业自身抵抗力虚弱，赖以生存的大市场一旦发生变化，马上就体力不支。房地产的调控，让我们有机会重新认识并调整自己。任何的调控政策都是阶段性的，“暂停”之后一定会重新登场。但是最怕就是你已经被替换出局了。任何的调控政策最终都会遵从市场规律，任何企业经

营也要遵从于市场规律。

**新明珠叶德林：**真正做好一个企业不仅要有明确清晰的定位和发展战略，还要有足够的坚持和执着。经营企业总会遇到困难的，在这时候绝不能退缩，因为“困难”也是公平地给予所有的人，退缩的很快就会被困难压倒了，只有勇敢地迎难而上，同时“思想上同心同德，目标上同心同向，行动上同心同行”的企业，才有可能走出经济“严冬”，迎接下一轮经济的大发展。

**我乐汪春俊：**均衡，我觉得是一个企业最终能成功非常重要的因素，从各个环节来看，我乐是均衡的，没有明显的缺点。就如同一个木桶的几块板，只有每块都高，才容得下更多。所以，综合能力很重要，我希望我乐能在整体均衡的情况下还能再发展一些突出的优点，加强整体实力。假如当初我们一心只做家具，现在也会成功，但这几年中我们已经只会专心于做橱柜，不会再做他想。

**欧派姚良松：**企业的生态和自然界的生态一样，有春夏秋冬的周期。大自然的寒冬可以使很多生命得到锻炼，汰弱留强，有利于生态进化。企业所要经受的考验更大，只有生命力最顽强的企业才能在严冬后生存下来；大多数行业也将面临着重新洗牌的局面。但既然大自然设置了这样一个周而复始的季节，自有其意义所在。除了淘汰一些生命力不强的企业外，还将对生命力强的企业作强制的考验和提升，使它在新一轮的经济周期里更好地发展。

马云有句名言：“今天很残酷，明天更残酷，后天会很美好，但绝大多数人都死在明天晚上，却见不到后天的太阳。”这句话用来描述现阶段家居建材行业的发展，同样很合适。现在的家居建材业正在经历“黎明前的黑暗”，最艰难的时刻，可能会出现“熬过今年的残酷，却等不到后年的美好”。

大自然说不上是有情还是无情，冬去春来只是个规律；市场经济有冷有热，适者生存就是法则。不要害怕寒冬，漫长的寒冬，是一次重新洗牌的机会，冬天过后，强者会迎来更为广阔的发展空间。

家居建材企业要想度过寒冬，就需要有一种百折不挠的心态。即使在最艰难的时期，企业也应抓住经济低潮下孕育的商机，给企业及其产品带来生存甚至繁荣发展的机会。最根本的，还是要从内部找原因，从内部发力，加强内功修炼，这样才能真正度过寒冬，迎来未来发展的机会，获得成长的快乐。

寒冬，还在继续；春天，并不遥远。期盼家居建材行业的企业家和营销人，能够静下心来，寻找属于自己的解决方案，并最终收获成功。

## 延伸阅读

**这是一本阐述中国经济重大问题、重大机会的书。**

**这是一本写给所有在中国市场有梦想的人看的书。**

**这是一本和主流经济学观点和看法有很多相反见解的书。**

作　　者：路长全

出 版 社：东方出版社

定　　价：48.00元

**【内容提要】**

本书由著名品牌营销专家路长全先生，集多年实战经验，再结合当下国内国际经济形势，经过深度剖析和思考后为中国企业度过寒冬所开的一剂良方。内容从经济寒冬产生的原因、导致的后果以及如何度过都提出了独到的见解，是一部不可多得并能接地气的、为当前中国企业走出寒冬指明方向的经典著作。

## 延伸阅读

# 给你智慧 让你勇敢

作　　者：路长全

出 版 社：东方出版社

定　　价：48.00元

**【内容提要】**

本书汇集了当代“品牌营销教父”路长全老师169则智慧语录，是作者成功历程中的心得总结，是对当代中国社会和中国人生存发展状况的深刻思考。“成功需要朋友，伟大的成功需要对手”“学习是一件危险的事情”“莲花的智慧在于将污泥转化为营养和美丽，而不是抱怨其浊臭”均系作者的经典语录。

随便翻翻，开启智慧；仔细品读，拥抱成功。

一点一滴的智慧，可以充实人的思想；一部充满智慧的好书，可以改变人的一生。愿本书能帮助所有看到它的人！